Sag Ja zu Deinem Leben

Das kleine Einmaleins der Selbstliebe

Werkstatt des Lebens

Anja Siegfried

Contents

Sag Ja zu Deinem Leben	1
Copyright	6
Einleitung	10
Teil 1	14
Wunder und mehr...	15
Du bist ein Wunder!	16
Wahrheit No 1	17
Wahrheit No 2	20
Wahrheit No 3	22
Wahrheit No 4	25
Abenteuer Mensch auf dem Planeten Erde	28
Willkommen in deinem Leben	32
Stärken, Talente und Begabungen	35
Meine Stärken, Talente und Begabungen	38
Schwächen, Fehler und sonstiges unmögliches Zeug	41
Ein kleines Geheimnis	51

Lasse uns jetzt einmal genauer hinschauen 52
Wie und wo findest du deine eigene Wahrheit? 56
Die zwei Grundemotionen 58
Gefühle versus Verstand 60
Deine Wahrheit leben 65
Dein Körper 87
Eine kleine Geschichte für dich aus meinem Leben 95
Die zwei Grundeinstellungen dem Leben Gegenüber 99
Teil 2 105
Vom Wissen zum TUN 106
Was kannst du jetzt tun? 108
Wähle und entscheide dich 109
Akzeptiere dass es etwas gibt, dass größer ist als Du 111
Erkenne an was ist 113
Deine Gefühle sind dein Navigationssystem 115
Dein Körper als Anker 117
Selbstliebe und das machtvolle JETZT 120
Ausrichtung deines Fokus auf deine Stärken 124
Schwächen anerkennen, wandeln oder mit Humor nehmen 127
Nutze deinen Spiegel 130

Lobe dich, feier dich, gratuliere dir selbst! 132
Viele Wege führen nach Rom 133
Trainiere deine Achtsamkeit 136
Nimm dir Zeit für Dich 139
Achte auf deine Umgebung 141
Überprüfe regelmäßig deine Überzeugungen 143
Erinnere dich selbst an das was dir wichtig ist 144
Wenn du festhängst, stelle Fragen 146
Schreibe Tagebuch 148
Bedanke dich am Abend für jeden gelebten Tag 149
Alles Liebe für Dich! 150
Über die Autorin 152

Impressum

1. Auflage 2019 - Sag Ja zu Deinem Leben

Bahnhofstraße 3
71139 Ehningen
Deutschland

Dieses kleine Buch widme ich einer Welt des Friedens, der Schönheit und der Liebe!

Ich schreibe es in dem Wissen, dass es jedem
Menschen möglich ist, seinen Weg zu wählen.
Sein eigenes Leben in Frieden und
Schönheit zu genießen.
Seine ihm Gott gegebene Kraft zu nutzen für
sich, sein Leben und unsere Welt!

Du bist die Meisterin - der Meis-
ter in deinem Leben!
...für unsere Welt!

Vorwort

Selbstliebe - so oft wird davon gesprochen. Die meisten von uns allen wissen um die Wichtigkeit und doch wird uns selten gesagt wie das denn genau gehen soll.

Sich selbst lieben - für viele von uns - der Berg vor dem Herrn.

Ich zeige dir in diesem kleinen Buch ein paar Wege, die es dir leichter machen, Schritt für Schritt zu deinem "Selbst" zurück zu finden und es lieben zu lernen.

Selbstliebe, ist das Fundament, auf das jegliche Heilung, Wohlbefinden, Fülle, Liebe, Freude und deine Gesundheit aufbaut. Es ist der Weg zu deinem inneren Frieden , der Weg in eine friedvolle Zukunft unserer Welt.

In dem Du anfängst, Schritt für Schritt dich selbst zu erkennen und genauso anzunehmen, wie du bist - können Wunder ihren Weg in deine Realität finden.

Alles was ich hier für dich schreibe, sind die Schritte die ich gegangen bin, auf meinem Weg. Vielleicht können sie dich inspirieren und dir eine Hilfe sein. Es würde mich sehr freuen!

Ich wünsche dir richtig viel Spaß, beim Umsetzen, Ausprobieren und Dich neu zu erkennen. Schau was für dich passt, das wende an - alles andere lass weg. Höre auf dein Gefühl - es weist dir den Weg!

Herzensgrüße an Dich du Wunder!
Du bist wertvoll!

Deine Anja

Einleitung

Zuallererst möchte ich dir sagen, wie sehr es mich freut, dass du diese Zeilen gerade liest. In unserer heutigen Zeit ist es so immens wichtig, dass immer mehr Menschen in ihre eigene Mitte finden, und in dieser auch fest stehen können.

Wisse du hast immer die Wahl, jeden Augenblick. Nutze sie weise.

Durch die Vielfalt an Informationen, Aktivitäten, sich ständig verändernden Voraussetzungen, egal ob bei der Arbeit oder privat oder im Weltgeschehen - verlieren wir uns oft selbst.

Spätestens wenn dein Modus von "leben" in "funktionieren" springt, wird es ungemütlich. Vor allem wenn es dir nicht auffällt.

Zu "funktionieren" bedeutet im Überlebensmodus zu sein. Dein gefühlter Stresslevel steigt.

Deine Stimmung kippt. Dein Körper meldet sich früher oder später mit Schmerzen. oder anderen Symptomen. Du kommst aus dem Gleichgewicht. Du konsultierst einen Arzt, der gibt deinen Symptomen Namen und dir ein Medikament.
So und jetzt ist alles wieder gut!

Pfeifendeckel.

Es ist vielleicht beruhigend - oder auch nicht - einen Namen für deine Beschwerden zu haben und auch etwas, was dir hilft die Symptome so gering wie möglich zu halten, aber mal ganz ehrlich - die Ursache dafür ist nicht behoben, oder?
Entweder du nimmst jetzt lebenslang Medikamente, oder du findest einen Weg, der das Gleichgewicht für dich wieder herstellt.

Das ganze kannst du in jedem Bereich deines Lebens durchspielen. Alles in deinem Leben ist verbunden und beeinflusst sich gegenseitig. Bist du gestresst, stresst du vermutlich auch deine Liebsten und es knallt. Bei der Arbeit wirst du nicht dein Bestes geben und deine Unzufriedenheit wird steigen. Du triffst vermutlich Entscheidungen die nicht unbedingt vor Weisheit strotzen und dein Kontostand zum Gruselkabinett katapultieren.

Ein Satz den mir einmal ein weiser Mensch vor 30 Jahren sagte, als ich genau in so einem Misthaufen saß, war "Anja, wenn es dir nicht gut geht, geht es allen Menschen um dich herum auch nicht gut!

Also schau dass du in die Pötte kommst!"

Ich habe diesen Satz bis heute nicht vergessen. Und er ist sowas von wahr!

Du kannst das ganz leicht feststellen. Beobachte einmal, was um dich herum passiert, wenn du nervös, gereizt oder gestresst bist. Nicht in deiner Mitte stehst. Wenn du an diesem Tag nicht das Glück hast, bewusste, starke Menschen um dich herum zu haben, die dich da heraus holen, wird dieser Tag sicherlich nicht der beste deines Lebens werden.

Wäre es nicht einfach schön, selbst dieser bewusste, starke Mensch zu sein?

Zu erkennen, wo du gerade stehst und was du tun kannst um die Freude, die Leichtigkeit und dein Wohlbefinden wieder herzustellen?

Dich und deine Welt in den Frieden zu bringen?

Und hier kommt die Selbstliebe ins Spiel, die alle Spielregeln für deine Zukunft ändern kann!

Sobald du beginnst dich als genau das anzuerkennen, was du bist, einzigartig und wertvoll, mit allem was zu dir gehört und diese Tatsache respektierst und achtest, geschehen Wunder.

Du hast dieses zauberhafte Geschenk Leben, packe es aus und erkenne seine wundervolle Stärke und Schönheit!

Ein Versuch ist es allemal wert! Sei du es dir wert!

Lass uns beginnen....

Teil 1

Wunder und mehr…

Du bist ein Wunder!

Nein, bist du nicht? Oh doch! Hast du dir schon einmal ernsthaft Gedanken darüber gemacht, wer oder
was du überhaupt bist?

Wahrheit No 1

Du besitzt einen Körper, der aus einem Verbund von Billionen von Zellen 24 Stunden am Tag, 365 Tage im Jahr, viele viele Jahre einfach funktioniert. Du hast keine Ahnung wie er es schafft, deinen Kreislauf aufrecht zu erhalten, deine Nahrung verdaut, dein Herz schlagen lässt und warum er atmet.

Du bekommst es nicht mit, wie täglich unfassbar viele Zellen absterben und neu geboren werden. Er repariert sich selbst, während du schläfst.

Glaub mir wenn du dies alles steuern müsstest - du würdest nicht einen Fuß vor den anderen setzen können. Du weißt nicht welche Vorgänge in Gang gesetzt werden müssen, damit du deinen kleinen Finger krumm machen kannst. Du tust es einfach, ohne zu wissen wie!

Er ist ausgestattet mit deinen Sinnesorganen. Du kannst sehen, hören, riechen, schmecken, fühlen! Du kannst diese Welt, dein Leben, körperlich erfahren!

Er ist dein treuer Gefährte durch dieses Leben und gibt täglich sein Bestes für dich! Ohne deinen Körper wäre ein Leben hier auf dieser Erde in dieser Form für dich nicht möglich.

Und! Er kommuniziert mit dir, über den Grad deines körperlichen Wohlbefindens. Er gibt dir minütlich,
durch deine körperlichen Empfindungen Feedback und Info was er benötigt um seine Funktionen aufrecht zu erhalten.

Du bekommst Hunger, also wirst du nach Essen Ausschau halten. Du hast Durst, du wirst etwas trinken. Das klappt ja soweit noch ganz gut.

Was machst du wenn ein Schmerz auftaucht? Ignorieren? Wegdrücken? Ihm einen Namen geben und ihn somit fest in dein Leben einzementieren?

Über Schmerzen kommuniziert dein Körper ebenfalls mit dir! "Schau hier bitte hin! ich will dir etwas sagen! Hier passt etwas nicht!"

Droht Gefahr, schaltet er sofort um und stellt seine ganze Energie für Kampf oder Flucht zur Verfügung, damit du überleben kannst. Alles was ihm schadet spuckt er aus - ob du willst oder nicht! Und wenn du in einer für dich schönen Situation bist, entspannt er sich und schenkt dir Wohlbefinden und Freude.

Jede Zelle deines Körpers hat ein Bewusstsein, und nimmt wahr was du fühlst und denkst.

Also mal ganz ehrlich. Mich erfüllt das mit einer gewissen Demut und Ehrfurcht.

Wahrheit No 2

Du bist stolzer Inhaber deines Verstandes! Dein Verstand ist ursprünglich dazu gedacht, dich sicher durch dein Leben zu manövrieren.

Ein selbstlernendes Programm, dass bei jeder Erfahrung die du machst, bewertet ob dies jetzt gut oder schlecht für dich war, dies abspeichert und entsprechend in der Zukunft reagieren wird.

Wie ein riesengroßes Computerprogramm, oder für die bildliche Vorstellung ein riesengroßer Raum mit zig
Ablagefächern, Schränken, Ordnern, Büchern, fein säuberlich sortiert mit Querverweisen. Alles was du je erlebt, gelernt, erfahren hast ist hier abgelegt. Und sobald du eine Frage hast, flitzt dein kleiner Verstand los und sucht in Sekundenschnelle alles ab und durch, um dir Lösungen zu servieren. Lösungen kreiert aufgrund deiner Vergangenheit.

Aus seiner Sicht macht er das Unmögliche möglich, da er in der Lage ist durch die kleinsten Kleinigkeiten Querverbindungen herzustellen, um dir einen sicheren Weg und eine sichere Lösung bieten zu können.

Ihm geht es um deine Sicherheit und dein Überleben. Aus seinem gesammelten Repertoire bietet er dir seine beste Variante an. Allerdings ist sein Wissen begrenzt. Er kann nur entscheiden aufgrund von Begebenheiten, die du in der Vergangenheit erfahren oder gelernt hast.

Sobald es um etwas Neues, Größeres geht, dass er nicht kennt ist Schluss mit lustig.

Aus diesem Grund mögen viele Menschen Veränderungen nicht wirklich. Es gibt noch keine Antworten auf so viele Fragen. Du kennst die Schritte und den Weg nicht. Das wiederrum fühlt sich komisch an. Und viele bleiben dann einfach stehen oder gehen rückwärts.

Dein Verstand trainiert und richtig eingesetzt - eine coole Sache und mächtiger Begleiter!

Etwas chaotisch wenn du ihm deinen Weg und dein Leben überlässt.

Wahrheit No 3

Du bist Besitzer ganzer Gefühlswelten. Von Wolke Nummer 7 bis zum größten Sumpf ist hier alles vorhanden.

Das Faszinierende daran ist, du kannst an einem Tag in total verschiedenen Welten gleichzeitig unterwegs sein. Bewusst oder unbewusst.

Und dem nicht genug, sobald du mit einem anderen Menschen kommunizierst, im Internet unterwegs bist, Nachrichten oder einen Film anschaust, öffnen sich dir weitere Welten, in die du eintauchen kannst.

Das kann so berauschend sein, dass du dich ab und an in einer dieser Welten verläufst und darüber hinaus völlig vergisst was du eigentlich ursprünglich wolltest.

Deine Gefühle und deine Emotionen stehen in Verbindung mit deinen Gedanken und deinem

Körper. Sie sind deine Wegweiser und lieben Gehilfen, um dir deinen für dich richtigen Weg zu zeigen. Sie wurden dir nicht ohne Grund mitgegeben auf deine Reise, hier auf Erden. Und jedes Gefühl, jede Emotion die in dir hochkommt, möchte dir etwas sagen.

Uns wurde beigebracht, dass bestimmte Emotionen und Gefühle besser oder schlechter sind als andere.

Von "Ein Indianer kennt kein Schmerz" bis "Ist doch nicht schlimm, warum heulst du denn jetzt" oder
"wenn du schön lieb und artig bist...." alles dabei.

Du lerntest als Kind sehr schnell was anscheinend gut und richtig ist und was man nicht fühlen und zeigen darf. Gefühle die erwünscht sind und belohnt werden und Gefühle die du besser nicht fühlen solltest. Es könnte sonst Ärger geben oder peinlich werden.

Hier sitzt allerdings ein kleiner Haken. Du hast die Sichtweise einiger weniger Menschen kennengelernt. Menschen, die für dich als Kind heilig waren.

Emotionen sind aber nicht falsch oder richtig, gut oder schlecht. Sie sind einfach. Ob etwas gut oder schlecht ist, legen wir mit unseren Urteilen und Bewertungen darüber ab.

Eine Emotion ist eine Energie in einer bestimmten Schwingung, die du in deinem Körper fühlst - nicht mehr und nicht weniger. Und diese kannst du nicht einfach weg zaubern, nur weil sie dir im Moment nicht in den Kram passt, oder noch besser - weil sie einen anderen Menschen stört.

Das einzige was du tun kannst - ist sie verwandeln. Wie du das machen kannst und was das mit Selbstliebe zu tun hat, schauen wir uns noch an.

Wahrheit No 4

So jetzt wird es spannend. Wer besitzt den nun einen Körper, einen Verstand und diese Gefühlswelten? Wer macht denn diese ganzen Erfahrungen, fühlt, denkt, erlebt und beobachtet?

Erlaube dir einen Moment, hier einmal hinein zu fühlen.

Tja, nun...dein Verstand wird dir jetzt nicht wirklich weiter helfen können. Er kennt die Antwort nicht. Vielleicht sagt er dir - ja das ist meine Seele. Dann frag ihn einmal was denn die Seele ist? Dann hat dein Verstand vielleicht abgespeichert " ein göttlicher Funke, ein göttlicher Aspekt" - ja was bedeutet das denn genau?

Fakt ist je mehr du hinterfragst - irgendwann wird Stille sein - keine Antwort mehr.

Fakt ist aber auch, dass es etwas gibt, das größer ist als alle deine Erklärungen.

Diese Energie, Intelligenz, die deinen Körper mit allen seinen Funktionen aufrecht erhält, diese innere Stimme, die durch Intuition, Bilder und Gefühle zu dir spricht.

Es gibt unzählig viele Worte für dieses "Etwas" und doch vermag keines dieser Worte diese Präsenz wirklich zu erfassen. Es sind alles nur Versuche etwas zu benennen oder zu beschreiben, was eigentlich nicht zu beschreiben geht.

Deine Essenz - Du - das Höhere Selbst - SELBST - das Leben - Gott - Universum - Seele - unendliche Intelligenz - Schwingung - Frequenz - GEIST - Nichts - Leere - Quelle.

Ich werde es in diesem Buch das SELBST oder Seele nennen, damit wir eine Begrifflichkeit festlegen und du weißt was ich meine.

Wenn Du anfängst, diesem SELBST, das durch dich lebt, zu lieben - fängst du an das Leben zu lieben!

∞∞∞

Du bist mehr als du glaubst, größer als du denkst
Du bist ein Wunder!

Lasse es uns nochmal zusammenfassen:

- Du hast einen Körper, der dich überall hinbringt wo du hin möchtest. Einen Körper, durch den du dieses Leben sinnlich erfahren kannst. Einen Körper, der sich selbst repariert und mit dir kommuniziert
- Du hast einen Verstand der einem selbstlernenden Programm gleicht. Einen Verstand der dazu ausgelegt ist, dich sicher hier auf deiner Reise zu begleiten, dein Überleben zu sichern.
- Du hast Gefühle, deine natürliche Navigation und dein Wegweiser für deinen Weg. Jedes Gefühl, jede Emotion in dir, die hochkommt, möchte angenommen und gefühlt werden. Sie hat eine Bedeutung.
- Deine Seele, dein SELBST. Die Energie, die deinen Körper aufrecht erhält. Die beobachtet. Diese Präsenz die durch Bilder, Gefühle, Intuition und Träume zu dir spricht. Dich bedingungslos liebt.

Abenteuer Mensch auf dem Planeten Erde

Eine kleine Geschichte

Das Universum liebt es sich auszudehnen und zu entfalten. Zu lieben, zu lachen - Spaß zu haben bei allem was es tut.

Hier gibt es nichts was es nicht gibt. Dir wird alles geboten - alle Wünsche werden erfüllt! Alles ist möglich und noch viel mehr!

Und stelle dir vor - hier gibt es sogar ein kosmisches Reisebüro!

Du landest schließlich in der Abteilung ***"Abenteuerreise als ein Mensch auf dem Planeten Erde"***

"Erlebe den Moment in der Zeit! Sinnliches Erlebnis

zur Selbstgestaltung! Jede Menge Spaß, Freude und körperliche Erfahrungen garantiert!"

steht hier ganz groß geschrieben. Du kannst hier eigene Geschichten schreiben und diese dann erleben, erfahren, spüren. Wie cool ist das denn! Du bist begeistert!

Dir wird ein Körper garantiert, der sich quasi selbst erhält und repariert. Du musst zwar ab und an schlafen, essen, und trinken aber dir wird auf deine Frage hin woran du denn erkennst, wann du was machen musst, dass er nicht kaputt geht gesagt, dass dein Körper mit dir spricht. Du kannst ihn nicht überhören.

Dein Körper ist so programmiert, dass er dir genau anzeigt, wann er etwas benötigt.

Du kannst absolut nichts falsch machen. Es gibt Tag und Nacht und genügend Essen und Wasser, Heilkräuter, Licht auf der Erde - alles was er benötigt um wunderbar für dich zu funktionieren.

Damit dein Körper sich auf der Erde zu Recht findet und nicht Gefahr läuft unter einen Schredder zu kommen, und deine Reise vorzeitig abgebrochen wird, gibt es dazu den Verstand.

Ein Programm das selbstlernend ist. Es speichert alles ab, was du erlebst und ist darauf ausgerichtet dich sicher durch diese Abenteuerreise zu navigieren. Du brauchst hier auch keine Einweisung, da er sich ab dem Tag wo dein Abenteuer beginnt, anfängt auszubilden und zu programmieren, auf die Geschichten, in denen du dich befindest.

Er ist einfach zu handhaben. Arbeitet akkurat und verlässlich für dein Überleben und deine Sicherheit. Er steht dir bei allem was du tust beratend zur Seite.
Was er allerdings nicht kann, ist deine für dich geniale Reiseroute mit den ganzen zauberhaften Erfahrungen, die du dir wünschst, auszuloten.
Er ist ausgelegt auf deine Sicherheit und dein Überleben.

"Okay" denkst du, "das hört sich gut an! Ein Körper der sich selbst repariert, ein Verstand der sich laufend erweitert und lernt und meinen Körper somit auf der Reise Schutz gewährt, ich mich auf dem Planeten Erde orientieren kann."

Mit im Paket enthalten sind Emotionen.

"Oh wie schön" denkst du! Genau darum geht es mir. Genau das habe ich mir doch so sehr gewünscht. Ich kreiere Geschichten und Ereignisse, um Emotionen zu erleben. So richtig doll und tief.

Als die reine Liebe und das Licht das du bist, im ewigen Jetzt, gibt es nichts größeres für dich, als dich selbst zu fühlen und zu genießen, in Zeit und Raum. Mit deiner Kraft zu spielen und Welten zu erschaffen. Dieser Planet ist dazu perfekt.

Du bekommst noch die Information, dass der Verstand ab und an ein Reset oder ein Update benötigt, da er Gefahr laufen kann sich aufzuhängen und er dann Körper und Emotionen anfängt von sich aus zu steuern. Die Verbindung zu dir dann kurzfristig unterbrochen wird. Es scheint dann so, als spiele er verrückt und mache was er wolle.

Allerdings gibt es hier zwei Sicherheitssysteme. Solltest du das regelmäßige Update vergessen, sinken die Emotionen in Keller und der Körper fängt an zu schmerzen oder wird müde.

Spätestens hier kannst du deinen Verstand dann wieder resetten und auf den neuesten Stand bringen. Die Emotionen werden neutral und der Körper entspannt sich.

"Wunderbar! - dann kann ja nichts schief gehen!" Flugs suchst du dir noch eine passende Persönlichkeit aus. Temperament, Talente, Vorlieben, Abneigungen und das passende Umfeld als Startpunkt deiner Reise...

Zack - gebucht!

Die Reise beginnt

Willkommen in deinem Leben

Jetzt mal im Ernst. Egal ob es ein kosmisches Reisebüro gibt, oder du einfach beschlossen hast dieses Abenteuer Leben, hier auf dem Planeten selbst zu kreieren - du bist höchst wahrscheinlich nicht unfreiwillig hier!

Du lebst dieses Leben, weil du es wolltest!

Du bist hier, weil du mit Spaß und Freude kreieren, erleben und wachsen wolltest. Kurioserweise vergessen wir das irgendwie auf dem Weg durch unsere Erziehungsmaschinerie.

Wir werden konditioniert und programmiert. Dein Verstand lernt sehr schnell, was anscheinend gut und schlecht ist, was du tun kannst um Anerkennung und Liebe zu erhalten und was du besser sein lassen solltest, da es Ärger bedeutet. Was anscheinend für dich möglich ist und was nicht!

Als Kind, konntest du dich nur an dem orientieren, was dir deine Welt gezeigt hat. Du hast durch deine Eltern, deine Familie, deine Lehrer, deine Freunde und Beziehungen und den jeweiligen

Sichtweisen dieser Menschen, dein "Bild" von dieser Welt und dem Leben wie eine Collage zusammengebaut.

Und glaube mir, jeder Einzelne dieser Menschen, hat zu jedem Zeitpunkt sein Bestes gegeben. Ob dies immer das Beste für dich war - steht auf einem anderen Blatt - aber sie haben ihr Bestes gegeben. Jeder Einzelne von ihnen hat ebenfalls seine Programmierungen und Konditionierungen abgespeichert.

Und wir erinnern uns: Dein Verstand sichert dein Überleben! Jede Erfahrung wird bewertet und beurteilt und fein säuberlich in seinen Aktenschränken abgelegt. Da findest du massenweise Vermerke wie " Das passiert mir nie wieder" oder "das kannst du nicht" oder ein Stempel "ich schaffe es nicht" oder "ein gebrochener Fuß braucht mindestens 6 Wochen zur Heilung". Beliebte Stempel sind auch "Keiner versteht mich" oder "ich bin es nicht wert".

Wenige Schränke beinhalten Vermerke wie "das habe ich richtig gut gemacht" oder "es ist immer mehr möglich als ich glaube" oder "es gibt immer einen Weg und ich werde ihn finden" oder "ich bin sicher und werde geliebt", "ich bin gut und glaube an mich", "ich schaffe das!"

Unser Verstand wird darauf konditioniert Fehler zu suchen und zu finden, den Blick auf das zu richten was nicht gut ist. Nicht auf Lösungen und

Möglichkeiten oder das was bereits richtig und gut für dich ist.

Ich möchte dir ein Beispiel geben. Ich unterhielt mich letztens mit einem jungen Mädchen, das am Boden zerstört war, weil sie in ihrem Deutsch Diktat 10 Fehler hatte. Diese waren in knallrot angestrichen. Ihre Laune war im Keller und Zweifel an sich selbst kamen auf.

Ich stellte ihre eine Frage "Sag mal, wie viele Worte hatte das Diktat?" Sie antwortete mir "184 Worte" und schaute mich fragend an. "Das heißt also, du hast 174 Worte richtig geschrieben?! Richtig?"

Plötzlich kehrte ein kleines Lächeln auf ihr Gesichtchen zurück. Sie verstand was ich ihr sagen wollte.

Stärken, Talente und Begabungen

∞∞∞

Zeit für ein Update

∞∞∞

Lege das Buch zur Seite. Nimm dir ein Blatt Papier (oder nutze die folgende Vorlage im Buch) und schreibe ein Liste von 10 Dingen die du richtig gut gemacht hast.

Etwas bei dem du stolz auf dich warst. Dinge die dir Spaß gemacht haben. Was kannst du gut? Schreibe es auf. Ist es Kuchen backen? Oder schön dekorieren? kannst du gut zuhören oder Menschen zum Lachen bringen? Feste organisieren oder Bücher schreiben? Bilder malen oder gut mit Tieren umgehen? Oder vielleicht kannst du besonders gut bügeln oder sauber putzen und entspannst dabei? Liebst du Zahlen, Physik oder Sprachen? Was macht Spaß und Laune, geht leicht von der Hand?

Oft sind es die Dinge die du als selbstverständlich anschaust - es ist aber nichts selbstverständlich! Was für dich völlig normal ist, kann für einen anderen Menschen die größte Herausforderung ever sein.

Du kannst die Liste jederzeit ergänzen. Gestalte sie bunt, sei kreativ und habe Freude daran.

Du baust vermutlich so viele Menschen auf, machst Mut und lobst. Wusstest du, dass immer wenn du diese Dinge lebst im Flow bist und somit mit deinem SELBST und dem Universum verbunden?

Zudem ist es erstaunlich viel einfacher mit seinen vermeintlichen Fehlern und Schwächen umzugehen,
wenn man seine Talente, Stärken und Begabungen kennt und diese wertschätzt.

Kleine Hilfestellung für dich!

Ich bin besonders gut in...

Immer wenn ich ... vergesse ich die Zeit!

Ich kann total gut entspannen wenn ich...

Mir macht es voll viel Spaß zu...

Menschen sagen mir oft das sie mich für ... bewundern

Ich kann mich gut erholen bei...

Ich entspanne wenn ich...

Es fällt mir besonders leicht... dies oder jenes zu tun

Warum ist das so wichtig?

Es ist ein Schritt zurück zu deinem SELBST. Du erinnerst dich an das kosmische Reisebüro? Deine Seele, dein SELBST ist reine intelligente Energie, die sich durch dich und dein Leben verwirklicht.

Erlaube dir jetzt dies wirklich anzuerkennen.

Meine Stärken, Talente und Begabungen

1. ______________________________________

____

____

2. ______________________________________

____

____

3. ______________________________________

____

____

4. ______________________________________

____

____

5. ______________________________________

____

____

6. ______________________________________

____

____

7. ______________________________________

____

____

8. ______________________________________

____

____

9. ______________________________________

____

____

10. ______________________________________

____

____

Hiermit erkläre ich ______________________ (Vor- + Zuname), dass ich ab heute, meine Talente, Begabungen und Stärken dankbar anerkenne und wertschätze. Ich weiß, dass ich durch sie Freude empfange und ebenso verschenke. Sie verbinden mich mit meiner Seele, mit dem Leben selbst!

Datum, Unterschrift

Schwächen, Fehler und sonstiges unmögliches Zeug

Da du gerade so schön Übung bist, notiere doch gleich mal bitte 10 von den Dingen, die du an dir nicht magst auf. Etwas was du an dir als Fehler, Schwäche siehst und was du an dir nicht magst.

Los geht's!

1. ____

____

____

2. ____

____

____

3. ____

____

____

4. ____________________________________

____

____

5. ____________________________________

____

____

6. ____________________________________

____

____

7. ____________________________________

____

____

8. ____________________________________

____

____

9. ____________________________________

____

____

10. ________________________________

____

____

So lasse mich raten. Vermutlich finden wir in deiner Liste irgendwelche Körperteile, die zu klein, zu groß, zu dick, zu dünn oder einfach nicht schön sind.

Bestimmte Eigenschaften, die du nicht an dir magst, Gefühle oder Gedanken. Oder du denkst, du kannst bestimmte Dinge einfach nicht oder nicht gut genug.

Lasse uns hier einmal genauer hinschauen.

Wenn dir zum Beispiel deine Nase nicht gefällt, wer um Himmelswillen hat dir denn erzählt wie eine schöne Nase auszusehen hat?

Vielleicht glaubst du, du kannst mit Geld nicht umgehen. Vielleicht hat dir aber nie irgendjemand gezeigt, wie das geht? Du weißt es einfach noch nicht?

Du bist dumm? Echt wer hat das denn gesagt? Mit wem wirst du denn verglichen?

Du hast zwei linke Hände? Auch das glaube ich nicht - es gibt bestimmt Tätigkeiten, die du wundervoll vollenden kannst.

Ich könnte dir hier noch tausende Beispiele bringen. Ich glaube du weißt worauf ich hinaus will. Aufgrund deines Umfeldes und deiner Geschichten, die du erlebt hast, hast du, bzw. dein Verstand Urteile und Bewertungen getroffen und somit deine für dich geltende Wahrheit in Stein gemeißelt.

Es gibt aber nicht die eine Wahrheit. Es gibt so viele Wahrheiten wie es Menschen und Geschichten gibt.

Ein buddhistischer Mönch wird dir eine andere Wahrheit über das Leben erzählen, als ein afrikanischer Krieger.

Eine alleinerziehende Mutter sieht das Leben anders als ein Börsenmakler.

Ein Millionär macht andere Erfahrungen, als ein Mensch, der auf der Straße lebt und in Parks schläft.

Und jeder Einzelne wird dir etwas anderes über Schönheit, Talent oder Begabung erzählen, über Stärken und Schwächen, was du für dein Leben brauchst oder wie du sein musst.

Was ist also deine Wahrheit?

Das ist jetzt so eine Königsfrage!

Ich habe für mich festgestellt, dass es immer ausschlaggebend ist was ich will und was dann in Hinblick darauf für mich funktioniert oder eben nicht funktioniert. Deshalb kann es niemals nur eine Wahrheit geben! Das bedeutet auch, dass etwas was für mich richtig und gut ist, für dich noch lange nicht richtig und gut sein muss.

Eine frühere Kollegin von mir, hatte morgens immer ein Müsli aus frisch gemahlenem Korn mit Nüssen, Kernen und frischem Obst dabei.

Es sah so lecker aus.

Zudem erzählte sie mir immer wie gesund doch Rohkost sei. Ich also ab in die Mühle, Korn kaufen. Müsli ansetzen. Was soll ich sagen. Es schmeckte gut, allerdings hatte ich nach circa vier Tagen solche Magenschmerzen, dass es echt Schluss mit lustig war.

Ich lies es ganz einfach wieder sein. Gesund hin oder her.

Als ich später mit der TCM (Traditionelle Chinesische Medizin) in Berührung kam, verstand ich auch warum ich diese Rohkost nicht vertragen habe.

Jetzt hat mir hier mein Körper ganz deutlich

ein Zeichen gegeben. Wie oft leben wir jedoch Überzeugungen, die noch aus Großmutters Zeiten stammen und merken es nicht.

Es tut erst einmal im Körper nichts weh. Wir sind vielleicht gereizt und gestresst, aber es tut nichts weh. Dafür geraten wir auf einer anderen Ebene, zum Beispiel auf der Gefühlsebene, schon leicht in eine Disharmonie. Wenn wir das lange genug ignorieren, wird der körperliche Schmerz folgen.

Hier fällt mir auch noch eine lustige Geschichte dazu ein. Meine Mama setzte Kartoffeln immer in kaltem Wasser auf. Ich natürlich später, als ich ausgezogen war, auch. Das ging Jahre so. Bis ich eines Tages vor meinem Herd stand und mich fragte "Wieso eigentlich in kaltem Wasser? Eigentlich kann das Wasser doch schon anfangen zu kochen und ich schäle nebenbei meine Kartoffeln."

Wenn mir solche unlogischen Sachen aufploppen, hinterfrage ich natürlich.

Also ich ab zu Mama mit meiner Frage, warum müssen die Kartoffeln ins kalte Wasser und nicht ins kochende?

Antwort meiner Mama war, dass sie mir dies nicht erklären könne. Sie hat es so von meiner Oma gelernt. Okay...

Also Oma befragen. Die Antwort meiner Oma lautete:

"Meine Liebe, wir hatten damals kein warmes Wasser in der Nachkriegszeit. Wir konnten die Kartoffeln nur in kaltem Wasser aufsetzen"

∞∞∞

So meine Liebe, mein Lieber, jetzt schaue noch einmal auf deine geschriebenen Schwächen, Fehler und was du nicht an dir magst und hinterfrage

> Wie komme ich darauf?
>
> Wer hat mir das erzählt?
>
> Stimmt das eigentlich wirklich?
>
> Und vor allem ist diese sogenannte Schwäche oder der sogenannte Fehler überhaupt für dich und deinen Weg von Bedeutung?

∞∞∞

Wenn du in einem künstlerisch, kreativen Beruf unterwegs bist, musst du kein Mathe-Genie sein und die Maße eines Models haben.

Wenn du an der Börse arbeitest brauchst du nicht

notwendigerweise ein tolles Farbempfinden.

Wenn du Reiseleiter bist, solltest du Sprachen können und ein gewisses Mass an Empathie wäre vielleicht von Vorteil, aber du musst aber nicht zwingendermaßen musikalisch sein.

Ein Schüler kann und muss nicht alle Fächer abdecken mit Note 1! Das kann kein Lehrer! Lasse mal zum Spaß dein Sportlehrer deine Mathearbeit schreiben.

Es kommt immer darauf an, was du willst und was du tust. Wo deine Begabungen, Stärken und Talente liegen.

Es gibt eine so schöne Analogie. Der Verfasser ist mir nicht bekannt, aber den Satz habe ich nicht mehr vergessen. "Wenn du einen Fisch danach beurteilst, wie gut er auf Bäume klettern kann, hat er klassisch verloren.

Du bist einzigartig. Es gibt keinen zweiten Menschen auf diesem Planeten, der genauso ist wie du. Erlaube dir dies zu genießen. Du musst nicht alles können und du musst auch nicht in irgendwelche Raster passen.

Stehe zu dir, genauso wie du bist!

∞∞∞

Zeit für ein Reset

Sogenannte Schwächen und Fehler an dir, gibt es nicht. Sie werden erst zu Fehlern und Schwächen wenn du sie dazu erklärst. Und du kannst dein Urteil darüber jederzeit verändern. Es liegt immer im Auge des Betrachters, seiner Prägung und seiner Geschichten, wie er sich selbst und das Leben sieht.

Vielleicht magst du nochmal über deine sogenannten Schwächen schauen, vielleicht ergibt sich ja jetzt schon hier und da eine kleine Korrektur.

Zudem passiert etwas ganz Spannendes wenn du anfängst ehrlich deine Ecken, Kanten und Stolpersteinchen anzuschauen und dazu zu stehen. Je mehr du es bei dir liebevoll anerkennst, desto leichter wird es dir gelingen, Schwächen und Fehler deiner Mitmenschen nicht mehr zu verurteilen sondern stehen lassen zu können.

Wir sind so verschieden um uns zu ergänzen.

Es gibt keine Vorgabe wie du auszusehen hast oder was du alles können und wissen mußt. Du legst die Messlatte fest, durch deine Wünsche und Ziele. Kein Mensch dieser Welt hat einen Einfluss darauf, außer du lässt es zu.

Du musst nicht alles verstehen in deinem Leben
Du musst nicht alles können in deinem Leben
Du bist schön wie du bist!

Bild "Engel" von Anja Siegfried

Ein kleines Geheimnis

Und noch ein kleines Geheimnis. Das Leben ist Veränderung und steter Wandel.

Das bedeutet in jeder "Schwäche" liegt auch eine "Stärke" verborgen. Wenn es in deinem Interesse ist und es dir auf deinem Weg dient, wirst du dies auch herausfinden.

Du kannst dir das entsprechende Wissen aneignen oder selbst kreativ werden und jede Schwäche in eine Stärke wandeln.

Lasse uns jetzt einmal genauer hinschauen

Wie wir überhaupt auf die Idee kommen, was an uns richtig und falsch ist.

Du wirst in ein Umfeld von Menschen hineingeboren. Sie befinden sich in einem bestimmten Land, einer bestimmten Kultur und haben einen bestimmten Stand, dort wo sie sich befinden. Sie alle haben ihre Geschichten, Urteile und Betrachtungsweisen des Lebens.

Besten Wissens und Gewissens, vermitteln sie dir durch ihr Tun, Verhalten und durch ihre Worte, ihre Sicht auf das Leben, diese Welt und ihre gelebte Realität.

Sie vermitteln dir ihre Wahrheiten. Du lernst was als richtig und falsch eingeschätzt wird, was für diese Menschen wichtig oder belanglos ist und welche Wege es gibt, Dinge zu erreichen.

Du lernst IHRE Sicht auf das Leben - IHRE Wahrheit kennen.

Als Kind hinterfragen wir nicht, ob etwas richtig oder falsch ist und übernehmen, ohne zu hinterfragen, alles das was wir im Außen wahrnehmen, als die Wahrheit.

∞∞∞

Du übernimmst für dich die Wahrheiten, der dich umgebenden Menschen und ihre Sicht auf das Leben.

∞∞∞

Solange du klein und abhängig von Ihnen bist, wird dir in der Regel auch nicht viel anderes übrigbleiben.

Es kommt jedoch eine Zeit in deinem Leben, in der du anfängst für dich selbst zu sorgen. Dich abkoppelst, deinen eigenen Weg suchst, ausprobierst, hinfällst und wieder aufstehst. Dieser Weg beginnt meistens nach den Maßstäben und Sichtweisen, die du bis hierher gelernt hast.

Irgendwann kommt bei den meisten allerdings ein Punkt, an dem offensichtlich irgendetwas nicht mehr so gut funktioniert. Es schleicht sich eine dezente Unzufriedenheit, Müdigkeit oder ein Frust ein.

Manchmal in einem Lebensbereich, manchmal in mehreren.

∞∞∞

Zeit für ein Reset

∞∞∞

Dies ist der Zeitpunkt um einmal genauer auf dich selbst zu schauen. Das Leben ist Wandel, Veränderung, Ausdehnung. Viele Dinge die du bisher ungefragt, von deiner Vergangenheit programmiert lebst, stimmen vielleicht einfach nicht mehr für dich und deinen Weg.

Eventuell haben sie noch nie zu dir gepasst und du standest manchmal ratlos da und hast dich gefragt, was du falsch machst. Selten kommen wir auf die Idee uns selbst und unser Handeln zu hinterfragen.

Erst wenn sich Umstände, Voraussetzungen, Bedingungen ändern und Dinge die früher einmal funktioniert haben plötzlich scheinbar nicht mehr funktionieren, wachen wir auf.

Diese Zeiten laden dich ein stehen zu bleiben und einmal zu schauen

- was tue ich hier eigentlich die ganze Zeit?
- warum tue ich das, was ich tue?
- welche Überzeugung steht denn dahinter?
- woher habe ich diese Überzeugung?
- stimmt das alles eigentlich für mich?
- was ist denn meine Wahrheit?

Wir leben noch viel zu oft nach Maßstäben und Sichtweisen von anderen Menschen, ohne jemals unsere eigene Wahrheit zu finden. Warum ist das so?

Wir haben nicht gelernt nach unserer Wahrheit zu suchen!

∞∞∞

Wir haben nicht gelernt nach unserer

Wahrheit zu suchen!

Wie und wo findest du deine eigene Wahrheit?

Du kennst sicher Situationen in deinem Leben, in dem du etwas getan hast, weil du wusstest dass es dein Umfeld von dir erwartet hat, oder du jemanden nicht enttäuschen wolltest.

Du dachtest, hier kann ich einfach nicht nein sagen - es gehört sich nicht.

Du aber gleichzeitig sowas von überhaupt keine Lust darauf hattest, es eine reine Pflichterfüllung war.

Du nachdem du wieder zuhause warst weniger Energie verspürt hast als vorher.

Dann wiederum gibt es Situationen und Begebenheiten, die sich für dich so leicht und voller Freude anfühlen. Die Zeit verfliegt wie im Flug und du hast das Gefühl dein Herz geht auf. Sei es durch deine Gedanken oder Umstände im Außen.

Es gibt dir Kraft und neue Energie.

Dein SELBST - deine Seele, ist Liebe, ist Freude, ist Leichtigkeit. Es ist der Gottesfunke in dir, der mit dir kommuniziert und dich führt. Was glaubst du, wie diese Kommunikation wohl von statten geht? Welche eindrucksvollen Möglichkeiten hat dein SELBST mit dir zu kommunizieren, damit du es wahrnehmen kannst?

Es kommuniziert mit dir über dein Wohlbefinden.

Wie stellen wir fest ob es uns gut geht? Wir FÜHLEN uns gut oder weniger prickelnd.

Du kannst deine eigene Wahrheit niemals im Außen finden. Deine eigene Wahrheit, findest du nur in dir selbst. Deine Gefühle dienen dir als Kompass.

Die zwei Grundemotionen

Es gibt zwei Emotionen. Liebe und Angst. Aus diesen beiden Emotionen entstehen alle Gefühle die du kennst.

Oftmals kannst du vielleicht nicht einmal genau das Gefühl mit Namen bezeichnen, dass du gerade fühlst.Manchmal ist es auch ein Mischmasch aus mehreren Gefühlen - eine Stimmung. Was du aber ganz sicher immer sagen kannst, ist ob es sich für dich gut oder schlecht anfühlt.

Wenn du vor einer Entscheidung stehst und nicht wirklich weißt was du tun sollst, hast du immer die Möglichkeit über dein Fühlen eine Antwort von deiner Seele zu erhalten. Dein SELBST antwortet dir immer mit einem Gefühl das auf der Emotion Liebe basiert.

Das bedeutet die Antwort, die sich für dich leichter anfühlt, ist der Weg den dir deine Seele empfiehlt. Dieser Weg entspricht dann deiner eigenen Wahrheit.

Bei großen Entscheidungen empfehle ich immer ein oder zwei Nächte darüber zu schlafen.

Warum?

Weil im Schlaf die Verbindung automatisch zu deinem SELBST, deiner Seele frei wird. Oftmals kommen dir die richtigen Antworten, nachdem du deine Frage mit in den Schlaf genommen hast, ganz leicht am nächsten Morgen zu Bewusstsein. Plötzlich hast du diese innere Gewissheit, welcher Weg der richtige ist.

∞∞∞

Dein SELBST antwortet dir immer mit einem Gefühl das auf der Emotion Liebe basiert.

∞∞∞

Was du daraus machst. Bleibt dir überlassen. Du hast einen freien Willen.

Gefühle versus Verstand

Engelchen und Teufelchen grüßen dich!

Eine Entscheidung ist fällig. Du hast dich aufgrund deines guten Gefühls entschieden und plötzlich schaltet sich dein Verstand ein. Kennst du vielleicht.

Das kann niemals funktionieren weil...

Er kann dir viele Beispiele aus Geschichten von anderen Menschen aufzählen, die er gehört oder gesehen hat und 1:1 belegen warum du wohl offensichtlich verrückt bist, so etwas überhaupt in Erwägung zu ziehen.
Oder das Gegenteil tritt ein, dein Verstand erklärt dir warum genau der Weg, der sich für dich gerade etwas schwerer angefühlt hat, ganz sicher der bessere ist.

Vielleicht weil hier dein Einkommen gesichert

ist, dein Umfeld dich weiterhin lieb und nett findet oder es einfach der bequeme Weg ist.

Dein Verstand mag keine Veränderungen. Daran solltest du dich immer wieder erinnern. Alles was neu ist, ist eine echte Herausforderung für ihn und das versucht er zu vermeiden. Zudem kostet es Energie.

Allerdings wirst du unter Umständen auf diesem Weg nicht unbedingt vor lauter Glück platzen.

Das sind oft die Wege, auf denen Menschen irgendwann einmal da stehen und sich eingestehen: ich habe alles was ich möchte und trotzdem fehlt etwas. Ich fühle mich so leer, bin müde. Ja ich weiß ich sollte mich nicht beklagen, es gibt viele Menschen denen geht es viel schlechter als mir, trotzdem irgendwas fehlt.

Jepp - die Verbindung zu deinem SELBST. Das spielerisch Leichte, die Freude am Leben selbst - der Seelenfrieden.

Die Sprache deiner Seele, der Funken der dir innewohnt, die Energie die dich erschaffen hat und am Leben hält, kommuniziert die ganze Zeit mit dir. Sie versucht die ganze Zeit, dich zu erreichen. Doch wie oft bist du auf Empfang?

Dein Verstand erklärt dir was du jetzt noch alles zu tun hast, wo du noch hin musst, was noch zu erledigen ist und ach ja den Abendsport nicht zu vergessen und dann war da ja auch noch Verabredung mit Person XY.

Du hast keine Zeit um in dir nach zu spüren, was eventuell gerade für Gefühle in dir anwesend sind.

Gefühle, wurde dir beigebracht, sind sowieso nichts. Du musst stark sein, kein Gefühl, keine Schwäche zeigen. Du verletzlich? Ach was - niemals. Wir stehen doch überall drüber.

Genau. Leider haben wir auf eben diesem Wege die Verbindung zu uns selbst und somit zu unserem SELBST - erfolgreich blockiert.

Dein Verstand ist irgendwann überfordert. Du suchst im Außen nach Antworten und verhältst dich so wie du denkst es wäre richtig. Du fängst an zu funktionieren anstatt zu leben. In Momenten der Stille, vielleicht in deiner Mittagspause oder kurz vor dem Einschlafen kommen längst vergessene Bilder, Sehnsüchte und Träume durch, die wir wegwischen oder davon zehren, indem wir sie auf unbestimmt in die Zukunft legen.

Der Weg zurück zu dir selbst, geht über deine Gefühle.

Wenn dir Gedanken durch den Kopf gehen, oder du etwas tust, achte dabei darauf was du fühlst. In welcher Stimmung du dich bei den jeweiligen Gedanken oder deinem TUN befindest.

Du kannst ohne logische Erklärung sehr leicht

feststellen, was für dich in diesem Moment richtig oder falsch ist. Du hast die Wahl, in jedem einzelnen Moment deines Lebens.

Nimm dir wirklich einmal die Zeit und achte darauf, wie du dich wann fühlst. Es sind manchmal Nuancen von leichter oder schwerer, aber sie sind da!

Du kannst sie wahrnehmen und erkennen.

∞∞∞

Der Weg zurück zu dir selbst, geht über deine Gefühle.

∞∞∞

Es gibt so viele Wahrheiten, wie es Menschen gibt - welche Wahrheit ist deine Wahrheit?

Hier ist es einfach wichtig zu verstehen, dass du niemals tief im Inneren glücklich und in Frieden sein kannst, wenn du dich bemühst nach den Wahrheiten anderer Menschen zu leben, ohne zu wissen, was denn für dich eigentlich stimmig ist. Ohne zu wissen, was deine tiefste innere Wahrheit ist.

Das kannst du erst feststellen, wenn du bereit bist stehen zu bleiben und deine Gefühle zulässt. Dann zu schauen, welche denn überhaupt wann da sind und warum.

Verordne deinem Verstand ab und an eine Zwangspause und gib dich deinen Gefühlen hin, um zu erkennen.

Was für eine Katze völlig normal ist - ist für eine Maus das Chaos.

In dem Moment
wenn du den Mut findest
deine Wahrheit zu erkennen
und zu leben,
fängst du an dein SELBST zu lieben.

Du erkennst die wahre Größe und Schönheit des Lebens

in jedem Augenblick!

Deine Wahrheit leben

Deine Wahrheit zu leben, bedeutet dich selbst zum Ausdruck zu bringen. Das mag vielleicht für viele Menschen um dich herum nicht unbedingt prickelnd sein und es kann auch sein, dass sich der ein oder andere dezent aus deinem Leben verabschiedet. Aber glaube mir, der Preis ist es wert.

Wenn du bisher durch dein Leben spaziert bist und geschaut hast, dass es der ganzen Welt um dich herum gut geht und selbst dabei auf dem Zahnfleisch daher kommst - ist das für dich und dein Leben nicht unbedingt förderlich. Du erhältst vielleicht die Anerkennung, die du dir so sehr wünscht von deinem Umfeld und das tut gut, ohne Frage, aber du versagst dir selbst deine eigene Anerkennung!

Das einzige Wesen, das dich dein ganzes Leben lang begleitet, bist du selbst. Ist es da nicht an der Zeit Frieden zu schließen und dich wirklich so anzunehmen wie du bist? Mit allen Ecken und

Kanten in Frieden zu kommen und das Schöne an dir zu genießen?

Schau, nur wenn du bereit bist deine sogenannten Baustellen und deine Stärken anzuerkennen, kannst du in Frieden mit dir kommen. Die goldene Mitte finden und von hieraus agieren. Wenn du zu all dem stehen kannst was du magst, liebst und auch zu dem was dir nicht liegt dann kann sich deine Stärke zeigen.

Unsere Welt braucht gerade jetzt starke Menschen, die mit sich selbst in Frieden sind, damit Frieden auf der Welt sichtbar werden kann. Ein Mensch der für sich selbst sorgt, den Tag, den Moment, den Augenblick genießen kann und dankbar für sich selbst und sein Leben ist, kreiert automatisch Frieden und Freude in seinem Umfeld. Stelle dir mal vor, das würde jeder tun! Zack wir hätten, das Paradies auf Erden!

Wie kommst du jetzt auf dem schnellsten Wege dahin? Es ist gar nicht so schwer. Ein bisschen Mut, Ehrlichkeit zu dir selbst, deine Entscheidung es zu wollen und deine Bereitschaft zu fühlen.
Lasse uns diese vier Werkzeuge ein bisschen genauer betrachten.

Ein bisschen Mut

Wenn du bisher ein Meister darin warst, deine Unsicherheiten und Schwachstellen zu verstecken, kann es schon ein bisschen Mut erfordern langsam anzufangen dazu zu stehen. Hier hat mir wirklich immer wieder geholfen zu verstehen, dass ich nicht alles in meinem Leben können muss. Das zum Einen und zum Zweiten, das Schönheit und Größe immer im Auge des Betrachters liegt. Es gibt so viele Betrachtungsweisen und Vorlieben wie es Menschen gibt. Hier gibt es kein richtig und falsch.

Wenn du bereit bist, alles an dir anzuerkennen und dazu zu stehen, wird es der Rest der Welt auch akzeptieren.

Das schöne dabei ist, dass du feststellen wirst, dass einige deiner Macken und Kanten von Menschen geliebt werden. Oftmals machen genau diese Dinge die Besonderheit eines Menschen aus. Sie machen dich menschlich und zum knuddeln wert. Perfekt ist kein Mensch - also musst du es auch nicht sein.

Erlaube dir den Perfektionismus gegen Authentizität zu tauschen.

Ehrlichkeit zu dir selbst

Zugegeben, auch hier braucht es deinen Mut, dir selbst einzugestehen dass du vielleicht manche Dinge tust und sie eigentlich gar nicht wirklich tun willst.

Sondern du tust es zum Beispiel deinem Partner zuliebe, weil du denkst das gehört sich so.

Oder du stellst fest, dass Person XY, mal nüchtern betrachtet, sehr nett ist und du dich von anderen Personen hast beeinflussen lassen, was die Sicht auf sie betrifft.

Dir fällt plötzlich auf, dass es dir auf die Nerven geht, wenn deine Freundin immer wieder die gleichen Geschichten aus ihrer Vergangenheit erzählt. Du eigentlich irgendwann gedanklich komplett woanders bist.

Du bemerkst, dass du viel öfter Nein sagen solltest, dass du eben nicht die ganze Welt retten kannst und auch nicht musst.

Das dich die Pflege einer Person überfordert.

Dass du traurig, ängstlich, melancholisch bist und es keiner weiß, weil du immer dein Lächeln zeigst.

Die wirklich tiefe Ehrlichkeit zu dir selbst, ist der erste Schritt in deine eigene Anerkennung. Auch wenn du zu diesem Zeitpunkt noch nicht wirklich weißt, wie du das alles ändern kannst, was du jetzt übrigens auch noch nicht wissen musst, ist es wichtig dir selbst alles einzugestehen.

∞∞∞

Dir einzugestehen, dass es jetzt im Moment einfach so ist. Es anzuerkennen ohne Wertung.

∞∞∞

Wir können uns so viel schön reden im Leben, uns selbst belügen und betrügen - das würden wir einem geliebten Menschen in diesem Ausmaß never ever antun. Bei uns selbst klappt das meistens ganz gut. Und hier ist es nicht so, dass wir es nicht merken würden.

Nein, wenn wir meinen wir müssen jetzt etwas tun und es kommt ein leiser Zweifel auf, ein ungutes Gefühl - zack wird es wegdrückt, verdrängt und am besten nicht mehr darüber nachdenken. Kennt jeder von uns - könnte ich jetzt echt drauf wetten!

Warum machen wir sowas? Weil irgendwo in deinem großen Bordcomputer kleine Fehlerprogramme laufen wie "was ich will interessiert sowieso niemanden" oder "ich bin nicht wichtig" oder "Augen zu und durch, es ist jetzt eben so" und… und… und…

Du kannst alles korrigieren, wenn du willst und glaube mir es gibt für dich in deinem Leben keinen Menschen der wichtiger für dich ist als du SELBST!

Das hat übrigens nichts mit Egoismus zu tun, wie du ihn vielleicht verstehst.

Es ist so so wichtig, dass Menschen endlich aufwachen und erkennen, was ihnen Kraft gibt und was ihnen Energie entzieht. Nur wenn du in deiner Mitte stehst und deine Wahrheit lebst, kannst du ein langes, glückliches, gesundes Leben führen und dieser deiner Welt mit deiner ganzen einzigartigen Schönheit dienen.

Erkenne dich selbst an und schätze alles an dir wert! Das ist Selbstliebe.

Wenn du dich selbst als hässlich empfindest, genervt, gestresst und unsicher bist tust du niemanden etwas Gutes - glaub mir. Du kannst noch so gut Theater spielen. Deine Schwingung lügt nicht und diese nehmen Personen um dich herum wahr.

Es ist vielleicht zwanzig Jahre her, als mir genau diese Tatsache bewusst wurde. Ich war bei einer lieben Freundin zu einem Spielabend eingeladen. Auch wenn es nicht meiner größten Leidenschaft entspricht, Gesellschaftsspiele zu spielen, freute ich mich auf den Abend bei ihr. Es waren einige

Mädels von ihr da, die ich nur flüchtig kannte. Ich wusste auch nicht in welchem Verhältnis sie zueinander standen. Das war mir zu diesem Zeitpunkt auch nicht wichtig. Ein gemeinsamer Abend, in netter Runde mit viel Spaß und Lachen, tut einfach gut.

So - dachte ich.

Anfangs war das alles auch so. Ich war gut gelaunt und hatte Spaß an Spiel und Gesprächen.

Doch dann urplötzlich, kippte meine Stimmung komplett. Und so komplett, dass ich die Veranstaltung verlassen musste, da ich das Gefühl hatte ich platze auf der Stelle vor lauter Aggression und Wut. Ohne Grund, es war nichts passiert.

Zuhause angekommen, war alles wieder gut, wie weggeblasen. Ich saß grübelnd in meiner Küche. Irgendetwas passte hier nicht. Mein Verstand fand keine Antwort. Ich dachte nach, was passiert war.

Es war aber nichts passiert.

Die Stimmung war gut. Es gab keine Dramen Gespräche. Alle Mädels waren gut drauf.
Was war mit mir passiert an diesem Abend? Irgendwann schlief ich mit dieser Frage ein.

Wie das so oft ist, nimm eine Frage mit in den

Schlaf und dein Unterbewusstsein, dein SELBST arbeitet die Antwort für dich aus, beziehungsweise leitet sie für dich in die Wege. Ich wachte am nächsten Morgen auf mit einer Ahnung, die allerdings für mein Bewusstsein vor zwanzig Jahren ziemlich crazy war.

Nach dreimal hin und her überlegen nahm ich das Telefon zur Hand und rief meine Freundin an, die zu dem besagten Abend eingeladen hatte. Sie war immer noch erstaunt über meine zack bumm Abreise am Abend zuvor. Ich erklärte ihr was mit mir passiert war und fragte sie in diesem Zusammenhang wie denn ihre Mädels untereinander zueinander stehen. Ob es sein könnte, dass die ein oder andere, mit einer Person die ebenfalls anwesend war, ein Problem hat.

Sie lachte und bestätigte mir genau diesen Sachverhalt. Es war nicht nur die ein oder andere, es waren mehrere und ich saß genau in diesem Kreuzfeuer mittendrin...

Hätte man die Energien der Gefühle und Gedanken an diesem Abend für unsere Augen sichtbar machen können, hätte es wahrscheinlich wie auf einem Kriegsschauplatz ausgesehen.

Du bist mehr als dein Körper, den du dem lieben Friedenswillen lächeln lässt. Unterschätze die Kraft deiner Schwingung und deren Auswirkung nicht.

Jetzt ist vielleicht nicht jeder Mensch so feinfühlig wie ich, dass eine solche Situation so eine Auswirkung auf ihn hat. Wobei du dir jedoch sicher sein kannst, dass dein Gegenüber unterbewusst sehr wohl deine Stimmung wahrnimmt.

Sehr gut erkennbar, wenn du gereizt bist und dir im Außen offensichtlich nur gestresste unfreundliche Menschen begegnen. Der Spiegel deiner Schwingung, deiner inneren Haltung, deiner Gedanken und Gefühle. Da kannst du lächeln soviel du willst.

Deine Entscheidung es zu wollen

Du hast einen freien Willen als Mensch auf diesem zauberhaften Planeten Erde. Auch wenn dies manchmal nicht danach aussieht. Wenn du den Mut aufbringst und ehrlich zu dir bist, kannst du mir womöglich teilweise oder ganz zustimmen.

Kein Mensch zwingt dich dazu bei genau dem Arbeitgeber dein Geld zu verdienen, wo du bist.

Kein Mensch zwingt dich dazu, in einer Partnerschaft zu bleiben die dir nicht gut tut.

Kein Mensch zwingt dich, dich mit Menschen zu

umgeben, bei denen du dich klein und wertlos fühlst.

Kein Mensch zwingt dich Dinge zu tun, die du nicht möchtest

Kein Mensch zwingt dich zu irgendetwas. Du alleine entscheidest jeden Moment über dein Leben.

Jedes Problem beinhaltet schon seine Lösung. Wenn du es willst. Ich weiß es gibt Situationen, die nicht eben mal einfach geändert werden können, ohne dass es womöglich einen riesen Knall gibt. Aber auch hier gilt, sobald du dich für eine Richtung entscheidest, wird die Lösung sich zeigen. Manchmal dauert es etwas, aber sie wird sich zeigen, so sicher wie das Amen in der Kirche.

Du kannst dein ganzes Leben lang, nach der Vorstellung anderer Leute leben oder du beginnst langsam, Schritt für Schritt, dein eigenes Leben zu gestalten. Ein Leben das dir Spaß und Freude schenkt.

Du triffst am Tag hunderte von Entscheidungen. Das fängt damit an, trinkst du ein Kaffee oder ein Tee am Morgen, was du anziehst, biegst du rechts oder links ab, gibst du Gas oder bremst du.

Auch wenn du meinst du triffst in gewissen Situationen keine Entscheidung - hast du doch eine Entscheidung getroffen, nämlich nicht zu handeln für diesen Moment.

Wie sieht es aus - bist du bereit den ersten Schritt zu tun um dich selbst nach Hause zu holen?

∞∞∞

Zeit für ein Update

∞∞∞

Wenn du magst halte, mit Datum, deine Entscheidung dich zu achten, zu wertschätzen und alles an dir anzuerkennen und zu respektieren schriftlich fest. Gehe mit dir selbst eine Vereinbarung ein, dies auch wirklich zu TUN. Bitte dein SELBST dich dabei zu unterstützen und zu führen und bedanke dich.

Dich selbst zu lieben bedeutet nicht, dich selbst auf einen Podest zu stellen und 24 Stunden am Tag zu beweihräuchern.

Dich selbst zu lieben bedeutet, abends schlafen zu gehen mit einem Danke auf den Lippen für einen zauberhaften Tag und einzuschlafen mit Vorfreude auf einen neuen Tag voller Abenteuer Spaß und Freude.

Deine Fehler dankend anzunehmen, in dem Wissen dass du sie erkannt hast und berichtigen kannst. Du weißt jetzt wie es nicht funktioniert. Finde heraus wie es für dich funktioniert.

Dich anzuerkennen für alles was du tust, dir zu erlauben dir etwas zu wünschen und diese Wünsche auch umzusetzen und zu erleben. In Frieden mit dir und deiner Welt zu kommen. Dich und dein Leben wertzuschätzen und das Leben um dich herum.

Deine Bereitschaft zu fühlen

Die meisten von uns wurden erzogen ihr Leben über den Verstand zu steuern, Gefühle zu zulassen wenn sie positiv sind, alles was unter null geht auszuschalten. Das sind schlechte Gefühle, die sind nicht erwünscht.

Du kannst das ganz leicht beobachten, wenn du in Unterhaltungen wach bleibst und als Zuhörer still dabei sitzt. Wenn eine Person ein Problem schildert, passieren in der Regel zwei Dinge. Entweder werden ihr Ratschläge gegeben wie sie die Situation lösen könnte, ohne dabei auf das Gefühl einzugehen oder man versinkt gemeinsam in dem Drama mit der Erkenntnis wie schlecht doch die Männer, Frauen, die Arbeitslage oder die ganze Welt ist.

Was allerdings in den seltensten Fällen geschieht ist, dass dieser Mensch der da sitzt einfach einmal traurig, wütend, neidisch oder verletzt sein darf. Ohne Kommentare, Lösungen oder Wertung des Gegenübers.

Gefühle sind Energien, Schwingungen in einer bestimmten Frequenz und sind unter Umständen mächtig in ihrer Kraft. Wenn ich dir das Gefühl Wut nenne, kann dies jeder in der Regel nachvollziehen. Dies ist eine Energie die eine kraftvolle Power beinhaltet.

Wenn ein Gefühl in dir auftaucht, kannst du es nicht einfach wegdenken, wegzaubern oder wegschließen. Das funktioniert vielleicht oberflächlich gesehen durch Ablenkung oder schön reden - aber diese Energie ist nun einmal da. Und was da ist, ist da. Das kann sich verändern und wandeln ja, aber dazu musst du es schon anschauen.

Jedes Gefühl hat seine Berechtigung. Ob es jetzt auf der Emotion Angst oder auf der Emotion Liebe basiert. Keines ist schlechter oder besser. Es sind einfach Schwingungen die du in deinem Körper spürst. Punkt.
Du kannst sie dankend annehmen und lernen sie zu verstehen oder du kannst sie verteufeln und wegsperren, wenn sie dir nicht passen. Deine Wahl. Glaube mir, diese Energie findet Wege dass du ihr zuhörst und hinschaust. Also mache es doch gleich freiwillig.

Wenn du dein SELBST erkennen und lieben lernen möchtest, musst du bereit sein zu fühlen. Denn es kommuniziert mit dir über Intuition, Geistesblitze, Zufälle, inneres Wissen und deine Gefühle. Und egal ob es Intuition, ein Geistesblitz, ein plötzlich inneres Wissen oder eine zufällige Begebenheit ist - IMMER ist daran ein Gefühl gekoppelt. Das dich entweder beflügelt oder vorsichtig werden lässt.

∞∞∞

Gefühle sind das Bindeglied zwischen dir und deinem SELBST, deiner Seele.

∞∞∞

Sie sind dein Navigationssystem zurück zu deinem SELBST.

Ich sage oft zu meinen Klienten, wenn wir alle auf Dauer verliebt wären, wäre unsere Welt das reinste Paradies. Wenn du verliebt bist, kann dir der größte Misthaufen vor deiner Nase nichts anhaben. Du räumst ihn fröhlich pfeifend weg.

Du bist verbunden. Die Leitung ist offen und steht. Erst wenn dein Verstand sich nach und nach einschaltet und deine Programmierungen wieder greifen, passt plötzlich das eine oder andere wieder nicht.

Dabei hat sich dein Gegenüber nicht wirklich verändert. Du hast dir einfach nur wieder deine alte gewohnte Brille deiner Weltsicht auf die Nase gesetzt, die vorher gefehlt hat. Und du beginnst deine Programme wieder zu leben, die du gewohnt bist.

Wenn dir ein "negatives" Gefühl (Schuld, Scham, Trauer, Angst, Hass, Neid, Eifersucht, Wut, Zweifel, Enttäuschung, Frust, Sorgen, Ärger) aufploppt, gibt es verschiedene Möglichkeiten für dich damit umzugehen.

Du ignorierst es (der beste Weg, dass es dir in deinem Außen wieder um die Ohren fliegt!)

oder frage dich:

a) Gehört es zu mir?

b) gehört es zu jemanden anderen?

c) gehört es zu etwas anderem?

Fühle in dich hinein, dein SELBST kennt die Antwort. Wenn es sich bei b) oder c) leichter anfühlt und somit nicht zu dir gehört, kannst du es alleine durch deine Entscheidung "zurück an den Absender" oder einfach "Rücksendung" zurückgeben. Erinnere dich, deine eigene Wahrheit fühlt sich immer leicht an. Diese Nummer betrifft überwiegend empathische und hochsensible Menschen.

Wenn es unter a) fällt und zu dir gehört, gibt es hier eine Botschaft von deiner Seele, deinem Selbst. Und wenn du da bereit bist hinzuschauen, wirst du genau durch dieses Gefühl Kraft bekommen für deinen weiteren Weg.

Hier kann es sein, dass du wirklich in Gefahr bist. Dann bedanke dich und nimm deine Füße in die Hand und renne so schnell du kannst. Das passiert in unseren Breitengraden zwar nicht mehr so häufig, aber ist durchaus noch drin. Angst ist eine Emotion, ohne die du, beziehungsweise deine Vorfahren nicht überleben hätten können.

Allerdings setzen sämtliche Gefühle die aufgrund der Angst entstanden sind, sich teilweise völlig unlogisch in unserem Leben durch. Wir haben quasi vor allem Angst. Wir werden wütend weil wir etwas nicht können, wir ärgern uns über den Idioten auf der Autobahn, wir hassen unsere Arbeit und unseren Chef, wir sind eifersüchtig und neidisch, zweifeln permanent an uns selbst.

Wir gehen jetzt einfach einmal davon aus, dass du ein negatives Gefühl hast und nicht in Lebensgefahr bist. Dazu war die Angst nämlich ursprünglich einmal gedacht. Dein Überleben zu sichern.

Was tun?

Dein SELBST weist dich in diesen Momenten auf bestimmte Dinge hin.

1. Du hast einen Fehler oder ein Unrecht begangen
2. Du bist im Begriff etwas zu tun, was dir mehr Schaden als Freude bringen wird
3. Du erkennst etwas nicht
4. Du verstehst etwas falsch
5. Die Verbindung zu deinem SELBST wurde unterbrochen

Was kannst du tun? Zu Punkt 1 ganz klar. Erkenne den Fehler und korrigiere und berichtige. Wenn du etwas versemmelt hast, stehe dazu und bringe es in Ordnung und tue alles was dafür notwendig ist.

Für alle anderen Punkte.

Jede Menge!

Fühle das Gefühl oder deine Stimmung. Oft ist es so, sobald du es dir erlaubst zu fühlen und anzuschauen, löst es sich schon von alleine auf, oder kommt in die Veränderung.

Und damit meine ich nicht es zu denken sondern wirklich zu fühlen. Ein Gefühl fühlst du in deinem Körper, meistens irgendwo zwischen deinem Hals und deinem Bauch. Schau genau hin wie es sich anfühlt. Gibt es da einen Druck, ein Stechen, ein Zusammenziehen oder Weite, Schwere, Enge - was ist es? Beobachte es.

Jedes Gefühl ist eine bestimmte Schwingung von Energie und diese kannst du in deinem Körper fühlen. Manchmal reicht alleine deine Aufmerksamkeit aus, damit sich die Energie verändern kann.

Wenn dies nicht der Fall ist, dann schaue genauer hin und frage dich was der Auslöser für dieses Gefühl ist.

Ein paar Beispiele für dich zur Inspiration:

* Wenn du eifersüchtig bist, schaue warum. Eifersucht und Neid liegen sehr nah beieinander. Was hat diese Person auf die du eifersüchtig bist, was du glaubst selbst nicht zu haben. Sie kann dein Lehrer sein. Eigne es dir an!

* Alle Ampeln auf rot und nur Idioten auf der Straße. Bist du vielleicht später zu Hause weggekommen, als du wolltest und verlagerst deinen Ärger auf dich selbst jetzt einfach auf andere?

* Du hast Angst zu versagen. Mit wem misst du dich? Welchen Maßstab legst du überhaupt an? Welche fremde Erwartung versuchst du zu erfüllen? Ist es überhaupt Angst oder ist es womöglich eine Aufregung, Erregung weil etwas Neues, etwas Unbekanntes ansteht.

* Eine Prüfung ist eine Prüfung und zeigt

dir deinen Wissenstand, nicht mehr und nicht weniger. Sie entscheidet nicht über Leben und Tod.

* Dir wurde eine Diagnose gestellt und eine Prognose über den Verlauf deiner Krankheit gegeben. Die Diagnose ist Realität aber was ist mit der Prognose? Stimmt diese auch für dich? Trifft diese Prognose wirkliche immer zu? Gibt es Menschen die trotz Prognosen ganz andere Ergebnisse, Verläufe, Heilungen erlebt haben? Gibt es Alternativen, was kannst du tun?

Sobald du einen Gedanken findest, der dich besser fühlen lässt in deiner Tiefe, kommst du deiner Wahrheit schon wieder näher.

Deine Seele führt dich über deine Gefühle. Wenn du ad hoc keine Lösung oder Antwort findest, stelle kraftvolle Fragen!

1. Was kapiere ich hier gerade nicht?
2. Was darf ich noch erkennen?
3. Wie kann es jetzt noch besser werden?
4. Wie kann es jetzt noch leichter werden?
5. Was hilft mir jetzt weiter? Was kann ich als nächstes tun?
6. Was ist sonst noch möglich?

Schreibe deine Fragen auf und nehme sie mit in den Schlaf. Übergebe sie deinem SELBST, deiner Seele. Dann folge deinen Impulsen. Du bist nicht alleine. Fühle und du wirst es erkennen.

Eine schöne Begebenheit aus meinem Leben für dich.

Ich war mit meiner Mom zum Essen verabredet. Ein schönes griechisches Lokal. Wir hatten nicht vor reserviert. Das Lokal war gut belegt. Wir hatten das Glück einen schönen ruhigen Zweiertisch zu bekommen. Schön um in Ruhe sich auszutauschen, das Essen und die gemeinsame Zeit zu genießen.

Der Kellner kam um die Bestellung aufzunehmen, mit einer Laune im Gesicht, die hätte jeden Apfelsaft in Most verwandelt.

Ich spürte wie in mir ein Ärger hoch keimte, und zwar im Zeitraffer! Plötzlich war da ein Gedanke aus dem Nichts "Gibt es den auch in freundlich?" ich musste innerlich schmunzeln und sagte zu mir selbst "Danke! Das wüsste ich auch gerne!" Ich sagte nach außen hin kein Wort zu meiner Mom.

Der Kellner kam mit unserer Bestellung lachte, machte einen kleinen Spaß und war wie ein umgedrehter Sack. Dies war so auffällig, dass meine Mama mich anschaute und sagte "Was ist denn mit dem passiert? Der war vorher doch so unfreundlich!" Ich erzählte ihr was in mir vorgegangen ist und dass ich mich auf diesen leichten und schönen Gedanken eingelassen habe, der mir so unvermittelt ins Bewusstsein kam. Wir lachten beide und genossen unseren Abend mit dem jetzt freundlichen Kellner.

Es ist unsere Sicht und innere Haltung, die etwas verändern kann. Hätte ich den Gedanken, der mir gegeben wurde, an diesem Abend in den Wind geschossen und meinen Fokus auf meinen Ärger gerichtet, hätte ich diese schlagartige Veränderung nicht wahrnehmen und erleben können.

Und hier ist etwas ganz spannendes passiert. Ich war bereit meinen Ärger zu fühlen, habe ihn wahrgenommen und gleichzeitig kam ein gegensätzlicher Impuls, ein Seelenimpuls, dem ich instinktiv gefolgt bin, und dabei den Ärger losgelassen habe, da ich über den Gedanken lachen musste.

Dein SELBST, das Leben, ist Liebe. Es wird dich immer zur Wahrheit führen.

Ob wir das immer erkennen oder nicht, steht woanders geschrieben. Je mehr du bei dir SELBST ankommst, umso öfter wirst du es auch in deinem Gegenüber erkennen. Auch er oder sie wurde durch das Leben erschaffen und hat den göttlichen Funken in sich.

∞∞∞

Wenn dir positive Gefühle begegnen, dann feiere sie!
Sie weisen dir den Weg und zeigen dir an,
du bist verbunden mit deinem SELBST.

∞∞∞

Dein Körper

Ich frage ab und an meine Klienten, wie sie denn zu ihrem Körper stehen. Soll ich dir etwas verraten? Zu über 90 Prozent kommt immer die gleiche Reaktion. Die Augenbrauen gehen dezent nach oben, ein ungläubiger Blick, ein unsicheres Lachen. Die unausgesprochene Frage an mich "Machst du ein Witz, Anja?"
Nein, ich mache keinen Witz.

Die traurige Wahrheit, die meisten Menschen mögen ihren Körper nicht wirklich. Zu dick, zu dünn, zu klein, zu groß. Gnadenlos wird bewertet und verurteilt.

Unbewusst messen wir uns an Idealen, die uns gezeigt werden in Film und Fernsehen, in den sozialen Medien.

Doch woher kommen diese Ideale? Du brauchst nicht weit in der Zeit zurück gehen, ein paar Jahrhunderte. In der Barockzeit wäre das heutige Schönheitsideal die absolute Vollkatastrophe gewesen. Du wärst ein Hungerhaken gewesen, ein Zeichen für Armut und nicht schön. Und damals wie heute, werden diese Ideale unüberlegt angenommen und ihnen wird nachgeeifert.

Und auch hier greifen wieder Programme, die du vermutlich nie wirklich hinterfragt hast. Wer hat dir denn eigentlich erzählt, dass eine große Brust schöner ist, als eine kleine. Breite Hüften nicht schön sind, deine Nase zu krumm, deine Ohren zu groß, dein Bauch zu dick und deine Beine nicht schön sind. Wer legt denn den Maßstab für Schönheit fest? Ist es denn nicht so, dass es auch so viele unterschiedliche Vorlieben und Abneigungen gibt, wie die Erde Menschen zählt?

Du bist einzigartig! Es gibt keinen zweiten Menschen, der genauso ist wie du! Alleine das, spricht schon für sich.

Dein Körper ist, wie er ist - schön! Ende der Geschichte!

Wenn du im Moment in ihm noch nicht wirkliche Schönheit erkennen kannst, dann versuchen wir es mal mit Respekt und Anerkennung. Das ist ein guter Anfang.

Wusstest du, dass ein menschlicher Körper, mittelgroß ungefähr aus 100 Billionen Zellen besteht? 100 Billionen oder als Zahl 100 000 000 000 000!!!!

Wenn du deine Zellen aneinander reihen würdest,

ergibt dies eine Länge von circa zweieinhalb Millionen Kilometer, um es bildhaft auszudrücken, du würdest circa 60-mal die Erde umspannen.

50 Millionen Zellen sterben bei einem Erwachsenen Menschen circa in der Sekunde ab und fast genauso viele Zellen werden in einer Sekunde wieder neu geboren.

Dein Herz schlägt circa 70 Mal in der Minute - 100 000 Mal am Tag und pumpt circa 5 Liter Blut in 60 Sekunden durch deinen Körper! Dein Blutkreislauf wird permanent an das was du tust angepasst. Ob du sitzt, liegst, läufst, Sport treibst - dein Körper regelt den Ausgleich ganz von SELBST.

Deine Organe sind aufeinander fein abgestimmt! Oder weißt du was du tun musst, dass dein Apfel den du isst, zu einem Teil deines Körpers wird? Ich wette, du weißt nicht mal was von diesem Apfel überhaupt alles verwertbar ist und was dein Körper am Ende wieder verabschiedet.

Dein Körper atmet von alleine. Ist dir das eigentlich bewusst? Oder musst du daran denken, ein- und auszuatmen?

Dein Körper entsteht aus zwei Zellen, mini klein, und entwickelt sich über die Zeit von alleine in seine Größe.

Er repariert sich SELBST, wenn er eine Verletzung erleidet. Er hat ein geniales Verteidigungssystem für Einflüsse die im Schaden könnten. Er arbeitet

24 Stunden am Tag, 365 Tage im Jahr, Jahr für Jahr für dich.
Ohne jemals eine Pause zu machen.

Er ist ein Unternehmen aus Zellverbänden, Systemen, Kreisläufen allerfeinster Art. Ein Unternehmen, das wenn du es führen müsstest, vermutlich schweißgebadet aufgeben würdest! Es übersteigt, schlichtweg unsere Vorstellungskraft, was hier geleistet wird! Wenn dir nach einer Banane ist, dein Körper in die Küche läuft, die Banane greift, schält, ab beißt und du den Geschmack dieser Frucht genießen kannst, was glaubst du was in diesem Unternehmen alles für Vorgänge und Prozesse ablaufen damit du dies erleben kannst. Danach wird sie verdaut, zerlegt, verteilt und der Rest verabschiedet.

Du hast jedoch, wenn überhaupt den Geschmack wahrgenommen. 2 - 5 Minuten?

Dein Körper reagiert auf deine Gedanken und Gefühle.

Was glaubst du, was passiert wenn du ihm mit permanenter Ablehnung gegenüber stehst? Und was ist wenn du ihn liebevoll abends "Danke" sagst dafür, dass er dich durch diesen Tag getragen hat. Ohne ihn hättest du diesen Tag, auf diesem Planeten nicht in dieser Form erlebt.

Er ist ein Wunderwerk - und er gehört zu dir. Du bist nicht dein Körper - du hast einen Körper und er ist dein treuer Diener!

Er gibt sein Bestes jeden Tag. Wenn du achtsam bist, weißt du ganz genau ob er eine Ruhepause oder Bewegung benötigt, oder welches Essen ihm gerade gut tun wird. Er zeigt es dir an.

Es könnte ein perfektes Zusammenspiel sein. Leider sieht die Realität oft ganz anders aus.

Nicht nur das wir oft genug unseren Körper verurteilen und ihn am liebsten im Spiegel gar nicht sehen würden, nein auch wenn er uns bereits durch Schmerzen signalisiert, dass sein Gleichgewicht aus dem Lot kommt, reagieren wir meist immer noch nicht. Eine Schmerztablette tut es ja auch. Wir wollen doch noch so viele Dinge erledigen. Kopfschmerzen, Rückenschmerzen, verspannter Nacken - geht ja jetzt sowas von nicht.

Ich wette dein Auto, das dir am Herzen liegt oder deine Lieblingsschuhe behandelst du vermutlich besser als deinen Körper. Wenn an deinem Auto eine rote Lampe anfängt zu leuchten, drehst du vermutlich nicht einfach nur das Lämpchen raus und fährst fröhlich weiter.

Und glaube mir, dein Körper steckt wesentlich mehr weg, als dein Auto. Er verbringt jede Nacht während du schläfst Reparaturen, von denen du nicht einmal ansatzweise etwas ahnst.

Jetzt stelle dir einmal vor, du arbeitest für einen Menschen, der dich schrecklich findet, permanent etwas an dir zum aussetzen hat. Er lässt dich hungern und nicht ausreichend schlafen und erzählt dir zudem die ganze Zeit dass alle anderen besser und schöner sind als du. Seine volle Aufmerksamkeit bekommst du so gut wie nie. Wenn es dir schlecht geht, hört er dir nicht zu, im Gegenteil du darfst noch mehr arbeiten. Du schaffst das alles nicht mehr, du wirst krank. Du kommst aus dem Gleichgewicht. Egal - er gibt dir Medikamente, und weiter geht es. Keine Wertschätzung, kein Dankeschön, nur Vorwürfe warum du denn bitte genau jetzt schlapp machst, du weißt doch ganz genau was für ein wichtiges Meeting übermorgen ansteht.

Wie lange machst du das mit?

∞∞∞

Zeit für ein Update

∞∞∞

Nimm dir bitte 5 bis 10 Minuten Zeit um deinen Körper einmal ohne Bewertung und ohne Urteile einfach nur wahrzunehmen. Schaue ihn dir an, schenke ihm deine Aufmerksamkeit, fühle in ihn hinein, spüre deinen Herzschlag und deine Atmung einmal ganz bewusst. Nimm wahr, was für ein Wunder an Zusammenspiel du hier gerade beobachtest.

Und wenn du bereit bist ihm ein Geschenk zu machen, dann schließe deine Augen und atme etwas tiefer und langsamer. So signalisierst du ihm, dass er sicher ist und er kann sich entspannen.

Danke ihm für alles, was er für dich tut. Erkenne es an, fühle! Und wisse, dass in diesem Moment Heilung geschieht.

Deinen Körper zu lieben, ist der Beginn einer zauberhaften Freundschaft und die Voraussetzung für Heilung und ein gesundes Leben. Denn wenn du wertschätzt, was du an ihm hast, was er alles für dich möglich macht und welches Wunderwerk er ist, du dafür Dankbarkeit empfinden kannst und diese auch bewusst ausdrückst, wirst du achtsamer und liebevoller sein. Seine Sprache immer besser und leichter verstehen und ihn bei jeglicher Heilung unterstützen, anstatt zu behindern.

Was wir als Krankheiten bezeichnen und weg haben wollen, gegen das wir ankämpfen sind disharmonische Schwingungen, die sich durch Symptome äußern. Kampf ist ganz weit weg von Harmonie. Erkenne an was da ist. Was da ist, ist da. Das ist erst einmal die Realität. Da beißt die Maus kein Faden ab.

Dann nutze alle Möglichkeiten, die sich für dich gut anfühlen. Wichtig ist hier dein Gefühl, es führt dich. Je mehr Frieden, Wertschätzung und Dankbarkeit in dir ist, desto leichter wird die Heilung deines Körpers von statten gehen.

Folge deinen Impulsen und deinen Gefühlen. Übergebe die Führung nach oben. Das Leben, Dein SELBST hat deinen Körper erschaffen. Es weiß wie Heilung geht. Es wird dich zu den richtigen Ärzten, Heilpraktikern, Heilmitteln, Menschen und Umständen führen, die Heilung ermöglichen.

Stelle Fragen wenn du nicht weiter weißt und folge deiner Antwort die aus deinem Inneren kommt.

Beschäftige dich mit Dingen, die dich zum Lachen bringen, die dir Frieden schenken, die du liebst.

Erkenne wie viel Wege und Möglichkeiten es gibt. Denke von Tag zu Tag und schaue dass du dich nicht mit Geschichten und Dingen belastest, die nicht die deinen sind.

Erkenne jeden kleinen Heilungsfortschritt an und danke dafür. Entscheide dich für das Leben, jeden Tag.

Eine kleine Geschichte für dich aus meinem Leben

Es liegt schon einige Zeit zurück. Ich war Anfang zwanzig und in einer Phase meines Lebens, die im Nachhinein ein Meisterstück war. Wenn du jedoch mitten drin sitzt erkennst du es nicht.

Ich lebte komplett gegen mich selbst. Ich versuchte es aller Welt recht zu machen, was ein Ding der Unmöglichkeit war.

Vor allem wenn du Menschen um dich hast, die in einem komplett anderen Universum leben als du selbst.

Du kannst quasi nur versagen, egal was du tust. Ich hätte zuvor niemals gedacht, dass mir so etwas passieren könnte. Aber man ist ja Meister im Schönreden.

Meine Familie und zwei liebe Freunde von mir,

erkannten dies alles lange vor mir. Sie äußerten ihre Sorge und Bedenken auch mehrfach mir gegenüber, aber mit mir konnte man ja nicht reden. Ich wusste ja genau was ich tat. Dachte ich (Programmierung des Verstandes lässt grüßen).

Nachdem ich sämtliche von außen kommenden Zweifel und Bedenken und mein eigenes Unwohlsein niedergeschmettert und erfolgreich verdrängt hatte, kamen Magenschmerzen, Blasenentzündungen, Migräne, Tabletten, Antibiotika. Ich nahm innerhalb kürzester Zeit 10 kg ab. Ich wachte immer noch nicht auf.

Das ganze gipfelte dann in einer Diagnose "Gebärmutterhalskrebs letzte Vorstufe". Mir wurde grottenschlecht.

Mein damaliger Arzt wünschte eine Operation, bekam aber in der kurzen Zeit keinen Platz für mich in einem Krankenhaus. Er entschied dann "dem Himmel sei Dank" da ich ja noch relativ jung war, es erst einmal medikamentös zu versuchen. Ich hatte damals den Arbeitgeber gewechselt und musste kurz darauf auf ein Seminar nach Hamburg. Ich werde diese Wochen nach der Diagnosestellung nie vergessen. Ich erlebte die komplette Gefühlspalette zu 100 Prozent.

Doch dann gab es einen Augenblick, der sich mir eingebrannt hat.

Ich war auf dem Weg zur Arbeit, auf der Autobahn. Ich wurde wütend. Es war der Gedanke "Was mache hier eigentlich?" Jetzt ging es womöglich um mein Leben! - es reicht! Ich wachte auf!

"Ich entscheide mich jetzt und hier für mich und mein Leben" Das war der nächste Gedanke.

In diesem Moment hatte sich meine innere Haltung verändert. Ich spürte immer noch Angst, aber gleichzeitig war noch etwas anders da. Eine Kraft die mich anders handeln lies. Ab diesem Moment habe ich angefangen, Dinge wieder zu leben die mir Spaß machten, ich lernte nein zu sagen und genoss viele, viele Momente nur für mich.

Bevor ich nach Hamburg fuhr, fand nochmal eine Untersuchung statt, ob das Medikament anschlägt. Das Ergebnis kam als ich in Hamburg war. Ich erhielt die Nachricht, dass alles gut wäre, ich müsse mir keine Sorgen machen, sie würden mich gerne sehen. Mir viel ein riesen Stein vom Herzen. Ich dankte Gott und dem Leben.

Als ich zurück war, vereinbarte ich einen Termin bei meinem Arzt. Er begrüßte mich und teilte mir mit, dass er mir das alles nicht wirklich erklären könne. Es kam einer Entschuldigung gleich. Mein Ergebnis war ein Stadium 0. Er erklärte mir, dass dies eigentlich nicht möglich sei mit meiner Vorstufe, der Zeitspanne und dem Medikament und er hatte keine Erklärung für das ganze Durcheinander. Ein hilfloser Eklärungsvesuch war dann, dass eventuell etwas im Labor vertauscht worden sei.

Ich wusste und spürte in diesem Moment, dass es meine Entscheidung auf der Autobahn war und meine anschließenden Handlungen, die dies bewirkt haben.

Es war ein inneres Wissen. Im Labor wurde alles korrekt ausgewertet.

Ich hatte dann ein Jahr lang noch engmaschige Nachuntersuchungen, jedes Mal mit Negativ-Befund.

In dieser Zeit, sagte mir ein weiser Mensch, mein Bruder, den ich über alles liebe "Anja, wenn es dir nicht gut geht, geht es auch allen Menschen um dich herum nicht gut".

Ich beendete die Phase meines Lebens, gesund und ein bisschen weiser und trennte mich von meinem damaligen Umfeld.

Die zwei Grundeinstellungen dem Leben Gegenüber

Es gibt zwei Grundeinstellungen dem Leben gegenüber, wie es auch die zwei Grundemotionen Liebe und Angst gibt. Diese Einstellungen erwachsen aus diesen zwei Emotionen. Du kannst eine lebensbejahende Einstellung oder ein lebensverneinende Einstellung ausleben. Und wie du dir schon denken kannst, liegt der einen die Liebe und der anderen die Angst zugrunde.

Oft haben wir ein kunterbuntes Mischmasch aus beiden. In dem einen Lebensbereich Beziehungen vielleicht bisschen mehr Liebe, bei der Arbeit bisschen mehr die Angst. Oder umgekehrt. Die Frage ist im Schnitt, in welche Richtung tendierst du und welche Einstellung möchtest du festigen?

Hier gibt es kein richtig und falsch, denn du wirst bei allem was du denkst, fühlst und auslebst immer Erfolg haben. Die Frage ist nur ob du dabei die Ergebnisse erzielst, die du dir auch wünschst.

Wenn du in die unberührte Natur hinaus schaust, findest du eine unglaubliche Vielfalt, Fülle und Balance.

Das Leben ist Wandel und Ausdehnung in Harmonie.

Das Leben hat dich erschaffen. Diese Energie hält deine ganzen Körperfunktionen aufrecht. Sie ist in jeder Zelle deines Körpers vorhanden und verbindet dich mit allem was ist. Wem vertraust du nun mehr. Deinem programmierten Verstand oder dem Leben selbst?

Wenn du diesen Gedanken, über das Leben einmal in dir wirken lässt und beginnst zu akzeptieren, dass es eine Kraft gibt, die du zwar nicht sehen - aber sehr wohl erfahren kannst, öffnen sich dir neue Welten.

Sie liebt dich bedingungslos und kennt nur eine Antwort.

Diese Antwort lautet "Ja".

Sie reagiert auf deine Gedanken, deine Gefühle, deine Handlungen und erfüllt dir deine "Wünsche" 1:1. Sie wertet und urteilt nicht, ob etwas für dich gut oder schlecht ist.

Wenn du der Meinung bist, dass du immer die Bahn verpasst, dann wird sie es so einrichten, dass du immer die Bahn verpasst.

Wenn du glaubst, alle anderen haben es besser als du, dann wird es so sein.

Deshalb brauchst du auch mit niemanden diskutieren, der eingefahrene feste Meinungen hat. Er wird dir genügend Beispiele liefern können, warum er so denkt.

Was hat das alles mit den zwei Grundeinstellungen zu tun?

Schau, ein Mensch der in der lebensbejahenden Einstellung ruht, wird egal was im Außen passiert immer nach Lösungen suchen, dass es ihm wieder besser geht. Und er wird sie finden. Er liebt das Leben, die Freude, das Lachen, Feiern, den Sonnenschein.

Er ist "für" Dinge und selten "dagegen".

Wenn ein solcher Mensch, in Situationen kommt, die ihn herausfordern spürt auch er Angst, Verzweiflung oder Wut, nimmt diese Gefühle aber als Motor zur Veränderung. Denn er weiß intuitiv, auch wenn er die Lösung noch nicht kennt, es gibt sie und er wird sie finden.

Die Menschen, die ich kenne, die überwiegend in dieser Einstellung leben, verstricken sich nicht in Geschichten anderer Leute. Sicher auch hier kann ein Ärger über eine Person auftreten, dieser wird aber genauso schnell wieder fallengelassen. Sie richten sich auf das aus was sie sich wünschen, und handeln.

Wenn ein Weg sich als Sackgasse entpuppt, wird nicht aufgegeben sondern eben ein weiterer Weg ausprobiert.

Sie sind bereit das Leben anzunehmen, sich selbst zu reflektieren und zu fragen was will ich überhaupt in meinem Leben, was hat bisher funktioniert und was nicht? Und korrigieren entsprechend ab diesem Moment des Erkennens.

Ein Mensch der überwiegend in der lebensverneinenden Einstellung festhängt, reagiert komplett anders. Er sucht selten nach Lösungen, er findet Gründe warum etwas nicht funktioniert. Er nimmt Gefühle der Angst, Verzweiflung oder Wut nicht als Motor zur Veränderung sondern als Rechtfertigung für seinen Kampf im Leben.

Er ist oft gegen etwas und nicht dafür.

Sein Fokus liegt auf dem Elend und dem Schrecken dieser Welt. Mit ihm kannst du stundenlang dein Leid teilen, er wird dir immer zuhören auch wenn du 10 Jahre nichts änderst.

Wenn dieser Mensch mit einem Vorhaben in einer Sackgasse landet, gibt er auf. War ja klar konnte nicht funktionieren. Weitere Wege und Möglichkeiten? Keine in Sicht.

Hier wird das Leben verneint. Die ganze Fülle,

Kraft und Schönheit nicht wahrgenommen. In sich selbst nicht und im Außen nicht. Ausgeblendet.

Woran erkennen wir nun, in welche Richtung wir gerade tendieren?

An unseren Gefühlen. Dreh- und Angelpunkt unseres Lebens.

Um deine Gefühle, deine Stimmungen bewusst wahrzunehmen, musst du allerdings stehen bleiben und bereit sein zu fühlen, zu reflektieren, zu hinterfragen.

Was glaubst du welche Menschen befinden sich überwiegend im lebensbejahenden Bereich. Menschen die sich und ihr Leben wertschätzen und lieben? Oder Menschen, die sich selbst oft verurteilen, anzweifeln und alles andere wichtiger nehmen als ihr eigenes Wohlbefinden?

Auf welcher Grundlage entsteht Freude und Frieden auf dieser Welt? Auf der lebensbejahenden oder auf der lebensverneinenden?

Wenn es dir gut geht und du in Frieden bist,
geht es auch der Welt um dich herum gut
Du bist das Alpha und das Omega - der
Anfang und das Ende

Wenn du anfängst dich selbst zu lieben, zu wertschätzen und in Frieden zu kommen, handelst du anders.

Anstatt zu kämpfen fängst du an für etwas zu gehen. Gegen etwas zu kämpfen, beinhaltet immer Aggression (Angst), für etwas zu gehen gründet auf Hoffnung (Liebe).

Du wirst keine Gründe mehr finden, sondern Lösungen suchen.

Wenn dir dein innerer Friede und deine Freude wichtiger wird, als alles andere, kannst du wirklich helfen und dieser Welt mit deinem Leben, deiner Energie, deinem SELBST, dienen.

Ein schönes Beispiel ist hier Mutter Theresa. Sie wurde oft eingeladen auf Veranstaltungen "gegen Krieg".
Sie lehnte immer dankend ab. Veranstaltungen "für den Frieden" besuchte sie gerne.

Mutter Theresa wusste um die Energie, die jeweils als Grundlage diente.

Teil 2

Vom Wissen zum TUN

Dies alles zu wissen, ist der erste Schritt. Ohne Wissen kannst du wenig verändern. Allerdings ist auch Fakt, wenn du dein Wissen nicht in Handlung übersetzt, wird sich in deinem Leben und auf dieser Welt nichts verändern.

Das verbindende Element zwischen Himmel und Erde, deinem großen SELBST und deinem kleinen Persönchen, deinen Gedanken und Gefühlen (Innen) und deinem greifbaren Leben (Außen) - sind deine Handlungen!

Wir haben oft die Bücherregale vollgestopft, ein Seminar nach dem anderen besucht und trotzdem nichts erreicht als vielleicht ein kurzfristiges AHA-Erlebnis.

Andere Menschen, die du kennst waren vielleicht nur auf einem Seminar und ihr Leben hat sich dadurch komplett verändert.

Glaube mir, das hat nichts damit zu tun, dass sie Glück hatten und du nicht. Sie haben vermutlich das Gelernte in ihr Leben integriert und umgesetzt. Sie sind ins Handeln gekommen. Dauerhaft.

Wenn es dir nur ein wenig bewusst geworden ist, wie wichtig es ist, dass du in deine SELBST-Liebe kommst, für dich, dein Leben und deine Welt, dann fange an dein Wissen zu leben - zu erfahren.

Das Leben drückt sich durch dich in dieser Welt aus. Du hast viel mehr Kraft und Macht über dich und dein Leben, als du denkst.

Es wird Zeit, dass du dich erinnerst - wer du wirklich bist!

Was kannst du jetzt tun?

Ich habe für mich Schlüssel herausgefiltert, die mir persönlich unendlich gute Dienste geleistet haben. Die gebe ich dir hier weiter.

Entscheide du was sich für dich richtig und gut anfühlt und was du übernehmen möchtest. Erinnere dich, es gibt so viele Wahrheiten und Wege wie es Menschen gibt. Was nicht passt, lasse einfach weg.

Kleine Vorwarnung. Das was ich dir jetzt hier gleich aufzeige, ist nichts was du einmal tun musst und alles ist gut.

Es ist eine Art zu leben.

Es ist eine Sicht auf das Leben, die wenn es dir ernst ist, du immer wieder praktizieren wirst.

Das Gute daran ist, dass wenn du einmal die Kraft deiner Seele, deines SELBST erkannt, erfahren und erlebt hast, du es freiwillig tust.

Weil du anfangen wirst dich selbst, DEIN SELBST, das Leben zu lieben!

Wähle und entscheide dich

Uns wurde ein freier Wille gegeben. Das Leben reagiert auf deine Entscheidungen. Um etwas Neues zu kreieren oder eine Veränderung einzuleiten, benötigt es zuallererst deine Entscheidung.

∞∞∞

Du musst dich dafür entscheiden, dich an die erste Stelle deines Lebens zu setzen. Du musst es wollen, und zwar aus ganzem Herzen.

∞∞∞

Wenn du es für dich selbst erst einmal nicht fertig bringst, dann suche dir einen Grund. Tue es für dein Kind, deine Oma, dein Hund, dein Partner, deinen Traum. Und wenn du dich dafür vor den Spiegel stellst und dir selbst versprichst, dich ab heute jeden Tag ein bisschen mehr zu erkennen, dein Tun zu schätzen, deine Grenzen zu respektieren, dass du üben wirst "NEIN" zu sagen wenn sich etwas nicht gut anfühlt. Dir selbst jeden Tag etwas Gutes tust.

Entscheide dich dafür!

Du kannst das auch schriftlich verfassen oder einem guten Freund erzählen. Wichtig ist, dass du es willst und dich dafür entscheidest und dabei bleibst.

Akzeptiere dass es etwas gibt, dass größer ist als Du

Damit du leichter in das Gefühl der Wertschätzung und Dankbarkeit kommen kannst, ist es ungemein hilfreich, anzuerkennen dass du in dir einen Teil hast der größer ist als du.

Ich habe es hier Seele oder dein SELBST genannt.

Es ist eine Kraft, die bis heute von der Wissenschaft nicht enträtselt wurde. Was eine Wissenschaft allerdings zwischenzeitlich weiß, ist dass wir circa nur fünf Prozent, von allem was ist, mit unseren Sinnesorganen wahrnehmen können. Das bedeutet 95 Prozent sind für uns unsichtbar.

Das ist schon mächtig.

Wir leben in einer Welt aus Energie und Schwingung und nehmen nur fünf Prozent davon wahr und das ist dann unsere Realität unser Leben.

Allerdings habe ich auch festgestellt, dass ich diese unsichtbare Welt zwar nicht sehen, fühlen, schmecken oder hören kann, aber ich kann sie erfahren.

Strom oder Radiowellen können wir übrigens auch nicht sehen, trotzdem spielt dein Radio Musik und dein Licht geht an, wenn du den Schalter betätigst.

Deine Seele, dein SELBST hat dich erschaffen. Deine Seele ist ein Teil dieser unsichtbaren Welt und ist mit ihr verbunden. Du kannst niemals klein, unbedeutend oder wertlos sein, sonst wärst du nicht hier!

Erkenne an was ist

Du kannst immer genau von dem Punkt aus starten, wo du dich gerade befindest. Damit das möglich ist, musst du dir einfach einmal ehrlich eingestehen, dass du vielleicht in einem Misthaufen sitzt, aus dem du eigentlich liebend gerne raus möchtest. Auch wenn dich vielleicht viele Menschen lieber darin sitzen sehen würden. Ich spreche hier von einem Misthaufen, der sich für dich wie einer anfühlt.

Du weißt es gibt so viele Wahrheiten wie es Menschen gibt.

Was für dich ein Misthaufen ist, kann für dein Gegenüber die schönste Blumenwiese sein.

Zudem kommt, je mehr Bedürfnisse du von anderen Menschen bedienst, die nicht mit deinen übereinstimmen, desto mehr Energie verlierst du.

Mache ab und an eine Bestandsaufnahme und

schaue auf deine innere Landkarte ob du noch da bist wo du eigentlich hin wolltest oder ob du bildlich gesprochen anstatt in Hamburg zum zehnten Mal in München gelandet bist, weil du wieder in zig verschiedene Autos eingestiegen bist, ohne mal hinzuschauen wo die Reise denn hingeht.

Deine Gefühle sind dein Navigationssystem

Wenn du eine Reise beginnst und dein Navi im Auto programmierst, weißt du, dass du sicher ankommen wirst. Es kann sein, dass du vielleicht umgeleitet wirst, aufgrund von Stau oder Sperrung, dann gibt es vielleicht einen kleinen Umweg, aber du wirst ankommen.

Ebenso kann es sein, dass wenn du ans Meer fährst, ein Teil der Strecke durch eine bergige Landschaft führt und vom Meer weit und breit noch nichts zu sehen ist. Du genießt den Ausblick, mit dem Wissen das alles gut ist und freust dich auf das Meer. Du fühlst dich gut. Vorausgesetzt du bretterst nicht mit 200 km/h ohne Pause die Strecke durch.

Siehe dein Leben als eine Reise. Stelle dein Lebens-Navi auf die Ziele Freude, Spaß und Frieden ein.

Nimm Gesundheit und Wohlstand dazu und dann starte durch.

Deine Gefühle zeigen dir ganz genau an, wann du von deiner Strecke abkommst.

Vermutlich wird es nicht so sein, dass du im Dauerglück durch dein Leben schwebst, vielleicht auch doch, aber dir wird viel schneller auffallen wann du in die niederen Bereiche der Emotionen abfällst und du kannst schneller korrigieren.

Das Leben selbst ist Energie und diese Energie folgt deiner Aufmerksamkeit. Du hast es verdient glücklich zu sein.

Überprüfe regelmäßig deine Navigations-Einstellung.

Dein Körper als Anker

Fange an, deinem Körper die Wertschätzung entgegen zu bringen, die ihm gebührt. Hier vereinen sich Himmel und Erde. Hier treffen sich die Welten. Deine Gedanken und Gefühle (sind übrigens auch unsichtbar) erschaffen durch deinen Körper Dinge (Materie).

Dein Körper ist der Anker für die Gegenwart und den jetzigen Moment. Immer wenn dein Verstand in der Vergangenheit oder Zukunft spazieren geht, kommst du über deinen Körper augenblicklich in den gegenwärtigen Moment zurück, in dem alles Leben stattfindet.

Höre auf ihn zu verurteilen und fange an ihm gegenüber eine dankbare Haltung einzunehmen.

Verabschiede dich von irgendwelchen vorgegebenen Schönheitsidealen, höre auf sein Wohlbefinden!

Erkenne was für ein Wunderwerkzeug dir hier gegeben wurde. Suche nach Schönem an und in ihm. Deine Augen, Hände, dein Lachen, deine Grübchen was auch immer. Richte deine Aufmerksamkeit auf das was du an ihm schön findest und danke dafür. Spüre wie gut das tut.

Wenn er schmerzt, dann verfalle nicht ins schimpfen. Dein Körper will dir hier etwas mitteilen. Symptome und Schmerzen sind stagnierende blockierende Energien. Dein Körper spricht mit dir.

Natürlich kannst du alles was dir hilft in Anspruch nehmen. Auch ich meditiere meine Schmerzen nicht immer weg, sondern nehme bevor ich den Schmerz nicht mehr aushalte, eine Schmerztablette. Allerdings hinterfrage ich trotzdem das Symptom. Glaube mir, ich finde allermeist einen Auslöser in meinen Gedanken und Gefühlswelten. Oft ging eine Zeit voraus, in der ich zu lange etwas getan habe, das mir widerstrebt hat. Oder ich war unachtsam mit Essen, Trinken oder Schlafen und habe seine Grundbedürfnisse missachtet.

Wenn ich ganz ehrlich zu mir selbst bin, weiß ich ganz genau, dass ich immer dann eine Erkältung oder Grippe bekommen habe, in Zeiten wo ich gefühlt sowieso die Nase voll hatte. Migräne kam früher wenn ich zu viel im Denken und zu wenig im Fühlen war. Ich hatte beide Arme gebrochen. Beide Brüche geschahen als ich Kind war, in Übergangszeiten, in denen ich die Zukunft nicht greifen konnte und offensichtlich Angst hatte.

Symptomen und Krankheiten, gehen meist immer Zeiten voraus, in denen du dich gefühlt im Bereich der Emotion Angst befindest. Egal ob es Ohnmacht, Angst, Ärger, Frustration, Neid, Wut, Hass oder Eifersucht ist. Sie alle sollten dich aufwecken und zu einer Korrektur veranlassen.

Dein Körper ist ein Anker. Erkenne dies an und schätze ihn wert, für alles was er für dich tut und was er versucht dir zu sagen.

Immer wenn du dich gut fühlst, Liebe und Dankbarkeit spürst bist du mit deiner Seele verbunden! Dein Körper gewinnt an Kraft, Ausstrahlung und Schönheit.

Er ist ein Ausdruck deiner Seele.

Je mehr du dies verstehst wirst du die Kraft erkennen die ihn erschaffen hat.

Selbstliebe und das machtvolle JETZT

Selbstliebe hat etwas mit deinem Wohlbefinden zu tun. Leben findet immer nur JETZT statt. Deine Vergangenheit ist eine Geschichte. Sie ist vorbei.

Je nachdem wie du die Ereignisse in deiner Vergangenheit beurteilt hast, ist es eine schöne Geschichte oder eine chaotische oder eine tragische Geschichte.

Die Rolle, die du in dieser Geschichte gespielt hast, kannst du eventuell überdenken und verändern, unter den neuen Gesichtspunkten die du hier gelesen hast.

Das geht aber nur immer wieder im JETZT. In diesem Augenblick. In dem du dir die Zeit nimmst, bewusst in der Gegenwart landest und dich selbst reflektierst.

∞∞∞

Vielleicht warst du gar nicht der Unruhestifter, sondern nur ein Mensch, der Dinge ausgesprochen hat die nicht erwünscht waren.

Vielleicht hast du die Gabe Menschen und Lügen zu durchschauen. Dann sei stolz drauf.

Vielleicht bist du nicht die schlechte Mutter, wie man dir immer sagte, nur weil du auch für dich selbst gesorgt hast. Deine Kinder dafür selbstständiger und selbstbewusster sind als andere. Sie gelernt haben ebenfalls für sich zu sorgen, weil du es ihnen vorgelebt hast.

Vielleicht bist du kein Spinner, als den man dich immer abgestempelt hat, nur weil du lieber kreativ künstlerisch unterwegs bist und kein Interesse an Betrieb und Wirtschaft hast. Sondern es ist eine Stärke von dir, die du ausbauen solltest.

∞∞∞

Deine Zukunft gestaltest du mit deinen Entscheidungen, die du heute hier und jetzt triffst. Danach fallen deine Handlungen aus. Wenn du den heutigen Tag, den jetzigen Moment nicht klar anwesend bist, um dich zu fühlen, um festzustellen wo du dich gerade befindest landest du überall, nur nicht da wo du hin willst.

Halte immer wieder inne und fühle. Fühle ich mich eher gut (Liebe) oder eher schlecht (Angst). Nimm wahr woran das liegt. Dein Ziel sollte immer sein, dich etwas besser zu fühlen. Denn dann kommst du in den Bereich der Liebe. Du kannst nur korrigieren wenn es dir auffällt, dass deine Stimmung sinkt und du erkennst woran es liegt.

Oft ist es so, dass es im jetzigen Moment überhaupt kein Problem gibt. Dein Verstand spaziert nur wieder gerade in der Vergangenheit und hängt sich an einer längst vergangenen Geschichte auf. Hole ihn zurück, zu dir, in diesen Moment und frage ihn was er eigentlich gerade für ein Problem hat.

Wenn er dir zum hundertsten Mal erzählt, dass Tante Emma dich unmöglich findet, er sogar die passende Geschichte dazu präsentiert, und du dich klein dumm und wertlos anfängst zu fühlen, lasse dich nicht darauf ein. Jetzt in diesem Moment ist Tante Emma nicht bei dir. Sie genießt vielleicht gerade ihren Tag bei einer Tasse Kaffee und ihrer Nachbarin. Du aber sitzt zuhause und machst dir mit einer Geschichte deine Lebenszeit kaputt. Überlege dir lieber warum du Tante Emma so eine Macht gibst. Vielleicht ist deine

Unmöglichkeit, genau das was die Welt jetzt braucht.

Oder deine Gedanken sind sorgenvoll in der Zukunft? Bevor du in Angstschweiß badest, suche JETZT nach Lösungen. Stelle Fragen.

JETZT in diesem Moment sitzt du womöglich auf deinem Sofa und alles ist gut. Nimm dies bewusst war. Das ist im Moment die Realität.

JETZT.

Schaue dich um, spüre dein Sofa, genieße dein Getränk. Schau was alles da ist. Alles ist gut.

Gehe davon aus dass dein SELBST die Antworten kennt. Du bist so wertvoll. Erkenne was du schon alles erreicht und vollbracht hast, sei dankbar dafür und schätze es wert!

Genieße den wertvollen Moment Leben!

Ausrichtung deines Fokus auf deine Stärken

Du dienst keinem Menschen und am wenigsten dir selbst, wenn du die ganze Zeit darüber nachdenkst was du nicht kannst. Richte deine Aufmerksamkeit auf das was du gut kannst, und glaube mir, dass ist vermutlich mehr als zu denkst. Alles was dir Spaß macht, dich Freude, Dankbarkeit fühlen lässt, davon mache jeden Tag ein bisschen was. Am besten jeden Tag sogar ein bisschen mehr, wie am Tag davor.

Du hast deine Stärken aufgelistet. Du kannst davon egal wo du bist immer etwas nutzen.

Kombiniere deine Stärken. Suche dir Tätigkeiten, Hobbys, Begegnungen in denen du deine Stärken ausleben kannst. Entwerfe vielleicht ein eigenes kleines Projekt, ehrenamtlich oder für Freunde, indem du dich ausleben kannst.

Das stärkt dein Selbstvertrauen, deinen Selbstwert. Schenke dir dafür die Zeit und genieße es.

Erkenne alles in Freude an was dir richtig gut gelingt. Lobe dich dafür.

Wenn du keine Ahnung hast was das sein könnte, stelle auch hier wieder Fragen!

∞∞∞

Was könnte mir richtig viel Spaß machen?

Wie kann ich meine Stärken am besten kombinieren?

Welche Tätigkeit bringt mir Freude?

∞∞∞

Vertraue, die Antwort wird sich dir zeigen. Vielleicht siehst du etwas im Fernsehen oder einer Zeitschrift das dich inspiriert oder dir erzählt ein Freund eine Geschichte und du merkst dies passt auch zu dir. Vielleicht bekommst du ein Angebot für ein Projekt. Whatever! Die Antwort kann auf völlig unterschiedliche Weise zu dir kommen. Sei auf Empfang und aufmerksam, wenn du durch deinen Tag gehst.

Dann komme ins Handeln und tue es aber auch wirklich! Keine Ausreden. Es geht um dein Wohlbefinden!

Schwächen anerkennen, wandeln oder mit Humor nehmen

Hier wieder zuerst. Du musst nicht alles können oder wissen und schon gar nicht verstehen in deinem Leben. Wenn dir von deinem Umfeld erklärt wird, wie du zu sein hast und du dies unhinterfragt akzeptierst, kannst du ganz schön in Not kommen.

Frage dich zuallererst wieder, wenn du anscheinend wieder was vermasselt hast, ob das denn wirklich auch so stimmt.

Die Wahrheit findest du hier für dich auch wieder ganz leicht über dein Gefühl. Fühlt es sich leichter oder schwerer an für dich.

Was hast du denn anscheinend vermasselt? Wie gesagt, wenn ich von einem Fisch erwarte dass er auf einen Baum klettert, kann das nichts werden. Wenn du etwas tust, was dir zuwider läuft, wirst du in den seltensten Fällen eine Bestleistung abgeben. Musst du auch nicht. Es gibt Menschen, die lieben genau die Dinge oder Tätigkeiten, die nicht gerade zu deinen Bestleistungen gehören. Dafür können sie wiederum Dinge nicht, die erledigst du mit links und Bravour. Erkenne einfach deine Schwächen an und stehe dazu. Du tust dir und dieser Welt ungemein viel Gutes damit.

Manchmal ist es keine Schwäche, sondern einfach fehlendes Wissen. Du kannst Dinge nur so gut bewerkstelligen, wie dir das dazugehörige Wissen, welches du dazu benötigst, zur Verfügung steht.

Wie oft ist mir im Nachhinein klar geworden, ich konnte etwas gar nicht schaffen, weil ich bestimmte Dinge einfach nicht wusste.

Also bevor du dich das nächste Mal als dumm abstempelst, informiere dich einfach ob dir vielleicht einfach noch ein Schlüssel fehlt. Wir haben heute unendliche viele Möglichkeiten zur Information.

So und ansonsten bleibt dir hier noch mein Lieblings-Heilmittel für alles. Humor!

Mit manchen Schwächen von dir, kannst du Herzen berühren und öffnen. Sobald du lernst, über dich selbst zu lachen öffnest du wieder die Tür zu deiner Seele. Du kannst anderen Menschen damit helfen, zu erkennen, dass keiner perfekt ist und alles können muss.

Wir sind nicht hier um perfekt zu sein, sondern um zu leben und die Zeit die wir haben zu genießen.

Wir können uns so zauberhaft ergänzen, durch unsere Stärken und Schwächen, damit ist jedem gedient.

Nutze deinen Spiegel

Nutze deinen Spiegel, indem du dir morgens beim Zähneputzen öfters mal selbst in die Augen schaust und dir sagst "Du bist es wert, dass..."

Steigerung für Fortgeschrittene "Ich liebe und akzeptiere dich so wie du bist".

Das ist eine unglaublich machtvolle Übung, die du nicht unterschätzen solltest. Dein "höheres" Selbst, deine Seele nimmt dies sehr wohl wahr und wird dir über deine Gefühle antworten.

Und lasse dich bitte nicht sofort entmutigen, wenn es sich am Anfang etwas komisch anfühlt. Bitte einfach deinen Verstand einmal die Klappe zu halten solange du dich mit deiner Seele unterhältst.

Das ganze kann natürlich auch gerne vor einem großen Spiegel in einer Ganzkörper Ansicht stattfinden. Erst mit, dann ohne Kleider. Wenn du das wirklich mit einem liebevollen Gefühl hinbekommst, dann Hut ab. Dann kannst du gleich zum nächsten Punkt übergehen!

Lobe dich, feier dich, gratuliere dir selbst!

Lobe dich selbst für jeden kleinen Fortschritt, den du erkennen kannst. Wenn du bei dir geblieben bist. Ein "Nein" oder ein "Ja" über die Lippen gebracht hast um für dich selbst einzustehen.

Feier jeden Genesungsmoment deines Körpers,

jeden Traum den du dir erfüllst.

Gratuliere dir für alles was du gut gemacht hast. Sei es ein Gespräch, das gut gelaufen ist, eine nette Unterhaltung, eine Unternehmung, etwas was du kreiert, gebastelt, entworfen hast.

Nochmal die Energie folgt deiner Aufmerksamkeit, das worauf du dich fokussierst wird automatisch mehr werden. Also erkenne alles voller Freude an, was du gut kannst, tust, machst!

Viele Wege führen nach Rom

Wenn etwas nicht auf Anhieb funktioniert, dann bedeutet es nicht, dass du es nicht verdient hättest oder es nicht kannst. Es ist noch kein Meister vom Himmel gefallen.

Wenn du dir die heute für dich tollen Menschen, die du bewunderst anschaust, wirst du erkennen, dass sie ein gemeinsames Merkmal haben. Sie sind es sich wert, haben Durchhaltevermögen, glauben an sich und würden niemals aufgegeben.

Sie haben Wege und Lösungen gesucht und gefunden, immer und immer wieder.

Manchmal kennt das Leben andere Wege, als du dir jemals vorstellen könntest.

Hinter den Dingen die du dir wünscht, stehen als Ergebnis wieder unsere viel beschriebenen Gefühle. Wenn du dir ein neues Auto wünscht, verbindest du dies vielleicht mit Sicherheit oder

Anerkennung.

Einen neuen Job eventuell mit finanziellem Wohlstand. Hinter dem wieder Sicherheit und Freiheit steht.

Wenn du also nicht das Auto auf der Stelle bekommst was du dir wünscht, überlege dir einmal was für dich dahinter steht als Gefühl. Was möchtest du durch dieses Auto für dich eigentlich haben? Und dann gehe dafür. Es geht meistens nicht um das "Ding" sondern um das was wir an Gefühlen damit verbinden.

Werde dir darüber bewusst und dann schaue wie du es dir kreieren kannst. Habe Geduld und gib nicht gleich auf. Das Leben wird es dir schenken. Manchmal auf einem anderen Weg als du dir vorstellen kannst und vielleicht in einer anderen Form, aber du wirst es erhalten.

Wir geben einfach oft zu früh auf.

Denke an die Fahrt ans Meer. Auch hier kommst du durch Landstriche, die alles andere als nach Meer aussehen. Deshalb drehst du nicht um und fährst wieder nach Hause. Du weißt, du kommst am Meer an.

Bleibe einfach bei dir und gib nicht auf. Du hast vermutlich schon so oft Durchhaltevermögen für andere Menschen bewiesen, also kannst du es doch. Setze es doch einfach auch für deine dir wertvolle Lebenszeit ein.

Ich kann, ich will, ich werde, ganz bestimmt, das schaffe ich, sicherlich, auch wenn ich noch nicht weiß wie, aber da gibt es ja auch noch mein SELBST. Gehe vor den Spiegel, schaue dir in die Augen und danke.

Trainiere deine Achtsamkeit

Nur durch Achtsamkeit, kommst du in die Selbsterkenntnis. Was bedeutet Achtsamkeit. Ich kann dir sagen was es für mich bedeutet.

Achtsamkeit bedeutet für mich immer wieder im Hier und Jetzt in den Augenblick zu kommen und wahrzunehmen, was ich gerade fühle.

Bewusst von den Gedanken im Kopf, in meinen Körper zu kommen und abzugleichen. Da ich selbst sehr empathisch veranlagt bin und fühle und wahrnehme was in meinem Gegenüber passiert, ob ich will oder nicht, ist es natürlich für mich extrem wichtig abzugleichen, was bin denn ich und was gehört zu meinem Gegenüber.

Wenn du jetzt ein Mensch bist, der eher andersherum funktioniert, der eher das Problemchen hat nicht mitzubekommen, dass sein Gegenüber kurz vor dem Explodieren ist, bedeutet dies natürlich für dich, inne zu halten und acht zu geben was in deinem Gegenüber gerade eigentlich passiert.

Auch das hat etwas mit Selbstliebe zu tun.

Hier hilft auch deine Ehrlichkeit wieder.

Teile deinem Gegenüber einfach mit, dass er dir deutlich sagen soll, wann du Grenzen überschreitest, damit du es lernen kannst ihn einzuschätzen.

Wenn du ehrlich bleibst und dich und dein Gegenüber schätzt, dann kann hier etwas wunderbares geschehen.

Aus sogenannten "Schwächen" können neue Freundschaften und Stärken entstehen, anstatt leid, Schmerz und Chaos.

Aus "du willst mich nicht verstehen", "du bist unsensibel", "sag mal, kapierst du es eigentlich nicht" wird plötzlich "Ja, ich kann es nicht verstehen. Hilf mir damit ich es verstehen kann" oder "Ja, ich weiß nicht wie du fühlst, erkläre es mir bitte"

Manchmal hilft auch die Frage "was hast du gerade verstanden was ich gesagt habe?" Da sind mir schon die dollsten Antworten gegeben worden.

Dein Gegenüber weiß nicht was du gerade willst. Werde du dir klar darüber und spreche es klar aus.

Wie oft bin ich mit meinem Mann in den Urlaub gefahren und hatte irgendwann während der Fahrt

Lust auf ein Kaffee. Meine Standardfrage lange Zeit "Schatz hast du Lust auf einen Kaffee?" "Nö, gerade nicht" Zack an der Raststätte vorbei gerauscht. Das machst du zwei bis drei Raststätten mit und dann schaust du einmal nach deiner Laune. Bei einem Bedürfnis nach einer Pause und einem Kaffee, dürfte diese im Keller sein.

Bis ich irgendwann auf den Trichter kam, klar auszusprechen was ich eigentlich von ihm wünsche. Nämlich dass er bitte bei der nächsten Raststätte raus fahren solle, ich habe Lust auf einen Kaffee und eine Pause.

Achtsamkeit im jetzigen Moment, lässt dich einfach Dinge erkennen die du willst oder nicht willst. Wenn du dann auch in diesem Moment reagierst, ist deine Reaktion meistens noch entspannt und friedlich.

Eine gut Selbstvorsorge zur Stress- und Streitvermeidung.

Nimm dir Zeit für Dich

Nimm dir jeden Tag etwas Zeit für dich. Und wenn es nur ein paar Minuten sind, besser natürlich eine halbe Stunde oder Stunde.

Auch wenn du dafür früher aus deinem Bettchen musst. Es lohnt sich. Mache in dieser Zeit etwas für dich. Meditiere oder richte dich auf den Tag aus, was du erleben möchtest. Steht etwas Wichtiges an, was wünscht du dir, wie es ausgeht?

Lass dein Herz sprechen in dieser Zeit. Gehe Laufen, Joggen oder mache Yoga, lese ein Buch oder höre Musik. Es gibt so viele Möglichkeiten. Grüble in dieser Zeit nicht über irgendwelche Dinge nach. Genieße hier wirklich einfach den Moment der nur dir gehört.

Ab und an unter dem Tag, in der Mittagspause, auf der Toilette, im Aufzug, auf dem Bahngleis wo immer es geht, schließe für ein paar Minuten deine

Augen, und atme etwas tiefer durch. Dein Körper und dein Geist entspannen sich dadurch und die Leitung öffnet sich nach oben sobald du wieder etwas leichter wirst.

Anstatt in der Mittagspause dich dem neuesten Tratsch hinzugeben, gehe raus, bewege dich, laufe oder schaue den Wolken zu, träume.

Alles was dich aus dem Denken heraus bringt, bringt dich deiner Seele näher. Sie versorgt dich dann im Anschluss mit erfrischend neuen Ideen und Impulsen.

Achte auf deine Umgebung

Wusstest du, dass die fünf Menschen, mit denen du dich die meiste Zeit deines Lebens abgibst, dich maßgeblich beeinflussen. Dein Denken, dein Handeln, dein Tun. Eure Energiefelder vermischen sich und es entsteht ein ganz eigenes Feld, welches euch verbindet.

Solltest du dich in einer Umgebung befinden in der keiner wirklich an dich glaubt und du dich eher klein als groß fühlst. Solltest du etwas ändern.

Das bedeutet nicht, dass du dein komplettes Umfeld abservieren sollst. Schaue einfach nach zusätzlichen Menschen. Baue dein Freundeskreis aus. Ein einzelner Mensch kann niemals deine ganze Bedürfnisspalette abdecken. Das ist schlichtweg nicht möglich.

Suche dir Menschen bei denen du dich wohlfühlst,

die dir Anerkennung zeigen und dich unterstützen bei dem was du tust.

Vielleicht suchst du dir ein Hobby, das dir Freude macht, oder du besuchst einen Volkshochschulkurs, machst einfach mal ein verlängertes Wochenende irgendwo.

Es gibt so viele Möglichkeiten, wo du gleichgesinnte Menschen kennenlernen kannst. Und am besten persönlich.

Eine persönliche Begegnung ist immer noch kraftvoller als das Netz.

Überprüfe regelmäßig deine Überzeugungen

Was heute noch stimmig für dich war, kann morgen schon überholt sein. Du entwickelst dich weiter. Also beiße dich nicht an einer Aussage von dir fest, die du irgendwann einmal getätigt hast.

So wie das Leben sich wandelt, veränderst auch du dich. Manche Einstellungen passen nach einer neu entwickelten Sicht nicht mehr unbedingt.

Dann stehe dazu.

Erinnere dich selbst an das was dir wichtig ist

Die ersten Tage, wenn du etwas Neues begonnen hast, bist du noch total euphorisch und tust den ganzen Tag nichts anderes, wie nach dem Gelesenen oder Gelernten oder Vorgenommenen zu leben.

Das lässt allerdings erfahrungsgemäß ziemlich drastisch nach ein paar Tagen nach. Und hier heißt es einfach dran bleiben.

Hier passen wunderbar sämtliche Silvestervorsätze als gutes Beispiel rein. Was du dir Silvester felsenfest vorgenommen hast, ist Mitte Januar meist schon wieder im Dunst des Vergessens verschwunden.

Schreibe dir eine Tagesliste mit Dingen die dir wichtig sind. Was du nicht vergessen willst. Lege sie dir so, dass du sie immer wieder siehst.

Halte dir vor Augen für was du das alles tust.

Es gibt Zeiten, da kann es einfach etwas zäh sein, dann erinnere dich und mache weiter. Bis es zu einer neuen Gewohnheit geworden ist.

Du bist wichtig. Dein Leben auch. Du hast es verdient dass es dir gut geht. Sei es dir wert.

Wenn du festhängst, stelle Fragen

Du kannst nicht alles wissen und schon überhaupt nicht, wenn du dich in Veränderungen befindest. Der Weg ist neu und dir nicht bekannt. Übergebe das Steuer an dein SELBST. Stelle dann Fragen. Du wirst merken, es schafft dir Erleichterung und bringt dir Antworten.

Hier ein paar meiner Lieblingsfragen für dich:

Was übersehe ich gerade?

Was muss ich noch erkennen?

Wie kann es jetzt noch leichter werden?

Wie kann es jetzt noch besser werden?

Was ist sonst noch möglich?

Was kapiere ich hier gerade nicht?

Wo muss ich mich noch mehr öffnen?

Welcher Weg ist der richtige?

Was kann ich jetzt im Moment noch tun?

Ist das wirklich so ?

Wer hat mir das eigentlich erzählt?

Stimmt das überhaupt?

Wer sagt das?

Gehört das Gefühl wirklich zu mir?

Dann bleibe offen und erwarte die Antwort. Ich bekomme entweder eine innere Gewissheit oder es passiert etwas im Außen, das die Antwort beinhaltet.

Manchmal löst sich das Problem auch völlig von selbst in Luft auf.

Und manchmal kommt die Antwort in einem Traum.

Schreibe Tagebuch

Am besten ein Glückstagebuch. Ein Buch in dem du alles das aufzeichnest was du geschafft hast. Es gibt dir immer dann Mut zum weitermachen, wenn einmal ein paar Wolken an deinem Himmel hängen. Hier hast du es dann schwarz auf weiß, wie es sich anfühlt wenn es dir gut geht.

Alles was du aufschreibst, ist erst einmal aus deinem Kopf draußen, und er kreist nicht unablässig darum herum.

Zudem ist es wirklich so hilfreich, in Zeiten wenn der Mut dich verlässt wirklich nachlesen zu können, das es anders geht.

Auch hier gilt wieder, die Energie folgt deiner Aufmerksamkeit. Mit einem Glückstagebuch lenkst du deinen Fokus automatisch in die richtige Richtung.

Bedanke dich am Abend für jeden gelebten Tag

Ich habe die Erfahrung gemacht, dass wenn ich abends vor dem Schlafen den Tag noch einmal Revue passieren lasse und mir mindestens drei Dinge aussuche (meistens sind es viel mehr zwischenzeitlich) für die ich danke sagen kann, schlafe ich mit einem lebensbejahenden Gefühl ein.

Und genau das geht dann auch in dein Unterbewusstsein weiter.

Da wo deine Aufmerksamkeit liegt, dies wird sich vermehren.

Finden Dinge für die du danke sagen kannst, und fühle dies von Herzen.

Dein Leben wird sich verändern, glaube mir!

Alles Liebe für Dich!

Ich wünsche mir von ganzem Herzen, dass dieses kleine Buch dir ein bisschen dabei helfen kann, zu erkennen wie wertvoll du bist.

Diese, unsere Welt könnte ein Ort des Friedens sein, wenn jeder Mensch dies für sich selbst erkennen könnte.

Wenn jeder für sich so gut sorgen würde, dass er mit sich, seinem Leben und der Welt in Frieden ist.

Unabhängig von der Meinung anderer, fest in seiner Mitte stehend.

Wissend dass jeder Mensch soviel mehr ist, als wir wahrnehmen. Respektvoll und achtsam im Umgang mit allem was lebt.

Das können wir alle aber nur, wenn wir lernen uns selbst zu achten und wertzuschätzen.

Unsere Navigation auf Freude und Frieden einstellen. Dies alles beginnt mit dem Praktizieren von Selbstliebe eines jeden einzelnen.

Wenn du anfängst dich selbst zu lieben, anzuerkennen und wertzuschätzen beginnst du das Leben zu lieben!

Das Leben, dein SELBST ist mit dir!

Alles Liebe für Dich!

Anja

Über die Autorin

Anja Siegfried ist 1969 in Böblingen geboren. Sie arbeitet seit 13 Jahren als Heilerin und begleitet erfolgreich Menschen in ihrer Bewusstseinsentwicklung für Körper, Geist und Seele.

Durch ihre Hochsensibilität und ihre Empathie mit allem Leben, verbindet sie die Welten miteinander.

Durch ihre Sicht auf unsere Welt, die Menschen, alles was lebt und das Leben selbst, möchte sie dich inspirieren, in deine wahre Größe und Schönheit zu kommen.

Zu erkennen wer du wirklich bist und welche Kraft dir innewohnt.

Wissen durch TUN zu Weisheit wandeln.

42975060R00092

Printed in Poland
by Amazon Fulfillment
Poland Sp. z o.o., Wrocław